子どもと楽しむゲーム⑪

みんなで笑えるゲーム 101

まき・ごろう 著

黎明書房

は じ め に

　ゲームで仲よくなりましょう。
　心のバランスを失った人間はみじめです。バランスのとれた明るい生活のために「あそび」は必要欠くべからざるものです。とくにゲームは，たのしく，健康な「あそび」です。真剣に，ムキになってやっていても，自然と笑いにつつまれる雰囲気を作るため，おおいにゲームをやりましょう。そしてゲームで隣りの人と仲よくなりましょう。
　なにはともあれ，どこでもあけてみてください。読んでみて，腹から笑えると思ったら，いつも，この本を身近に置いてください。

⇨⇨⇨このゲーム集の特色⇨⇨⇨

① いつ，どこでもできる
　用具のいらないゲーム，もしくは，用意するとしても身近にどこにでもあるような物を使うゲームばかりですから，わざわざ準備に時間をかける必要はなく，いつでもどこでも，やりたいときにできます。

② 読んだままで指導のことばになる
　リーダーのことばの形式で説明してありますから，ゲームを指導したり，司会をするときのことばを別に工夫しなくとも，読んだ通り口に出せば皆にわかります。

③ 親切欄をつけてある
　どのゲームにも，うまくやるコツ，用具を使うとしたらどうするか，そのゲームを応用すればどんなものがやれるかなど，コラムをつけてありますから，それによっていっそうたのしくあそべます。

④ 幼児からおとなまで使える
　〔大〕はおとなのゲーム，〔幼〕は幼児向き，〔全〕は子どもからおとなまでやれるというように題名の右に対象年齢層を記してあります。幼児からおとなまで使える

ゲーム集です。

⑤　その場にぴったり合ったゲームがすぐ見つけられる
　2人だけのとき，集会のときなど，「こんなときのゲームがあったら……」という希望に合うように種類分けしてありますから，やりたいゲームがすぐ選べます。

⑥　あらゆるところで明るい笑いが起きる
　学校でも会社でも，ちょっとしたサークルでも家庭でも，どんな場合にでも，あそべるゲームを集めてありますから，この1冊で，どこにでも明るい笑いをふりまくことができます。

　このように，使う人の身になって作りあげたのが，このゲーム集です。
　1人のときは読んでたのしく，2人のときでも何百人でも，5分の休みでも1時間くらいあそぶときでも，行事などでも，食事前のひとときでも，かんたんにすぐできる，便利なゲーム集です。

著　者

付記：なお，本書は，先に「ゲーム＆遊びシリーズ」の第5巻『準備のいらないゲーム集』として出されたものを，書名を改め，判を小さくしてハンディなタイプにしたものです。末永いご愛読を，お願いいたします。

もくじ

はじめに 1

1 みんなで立ってするゲーム

1 泣き笑いスクラム 7
2 規格的紳士 8
3 まつりだ わっしょい 9
4 ゆかいな鼓笛隊 10
5 時間厳守コンクール 11
6 石ひろいゲーム 12
7 大売り出し 13
8 オッカケ体操 14
9 ケロケロ・グァッグァッ 16
10 動物の大行進 18

2 みんなですわってするゲーム

1 こぶたくん，手をあげて 19
2 手をあげて 20
3 目と口の体操 21
4 テレビの顔 22
5 さあ，笑いましょう 23
6 アマノジャク 24
7 手をたたきましょう 25
8 指を折りましょう 26
9 「はい」「いいえ」 26
10 ムー・ミュー・バウワウ 27
11 ひとつでワンワン 28

3 紅白に分かれるゲーム

1 リモコン競走 29
2 バッファロ・ゴウ・ゴウ 30

3　駅弁競走　32
4　人間ボーリング　34
5　バック・オーライ　35
6　ほたるの光とり　35
7　ボートレース　36
8　おおなみこなみ　37
9　おはようゲーム　38
10　出ろ！　出るな！　38
11　ホール・イン・ワン　39
12　あなたの持ち物は　40
13　忍者は走る　41
14　かささぎのはし　42

4　輪になってあそぶゲーム

1　ねずみとねこ　44
2　でんでんむし　45
3　おばあさんの伝達競争　46
4　メリーさんのひつじ　47
5　肩をトントン　48
6　クイック・スロー　49
7　拍手ポンポン　50
8　交通整理のおまわりさん　50

5　歌のあるゲーム

1　指ピアノ　51
2　ピアノのおけいこ　52
3　ちぎっては　なげ　53
4　特急走れ　54
5　もしもしかめよ　55
6　お隣りさん，こんにちは　56
7　ねんねんころり　57
8　ニックネーム歌合戦　58
9　わたしのおてては　なにになる　60

もくじ

6 お話のあるゲーム

1 動物の音楽隊 62
2 赤ずきんちゃん 64
3 ドンブラコッコ，ポッカリコ 65
4 虹のかなたに 66
5 お話リレー 67

7 ダンシング・ゲーム

1 さかみち のぼろ 68
2 サッカー・ダンス 70
3 船頭さん 72
4 かかしのダンス 74

8 頭を使うゲーム

1 ことばつなぎ 75
2 かくれんぼ討論会 76
3 見えるか，見えないか 77
4 もしもし，はいはい 78
5 その人はだれ？ 80
6 右と思えばまた左 81
7 手に入れたい理由 82
8 忍者のとんち 83
9 君の名は 84

9 2人だけのゲーム

1 へびの頭をふんづけろ 86
2 やあ，ハイドン君 87
3 宮本武蔵 87
4 ふたごの赤ちゃん 88
5 おじぞうさん 89
6 こいのぼり 90
7 きつねのはな，たぬきのはら 91

8　出前持ちのPR　92
　　9　馬のひづめ　93
　10　「よし」「だめ」　94

10　ジャンケンのいろいろ

　1　ままにならないジャンケンポン　95
　2　後ろ向きジャンケン　96
　3　隣りのジャンケン　96
　4　ダブル・ジャンケン　97
　5　くらやみジャンケン　98
　6　親子ジャンケン　99
　7　首振りジャンケン　99
　8　ジャンケンまわし　100
　9　西部劇ジャンケン　100
　10　1本指ジャンケン　101
　11　うっかりジャンケン　102
　12　うずまきジャンケン　103
　13　アップダウン・ジャンケン　104
　14　世界のはてまでジャンケンポン　105
　15　準備のいるジャンケン　106

11　すもうのいろいろ

　1　後ろ押し出し　107
　2　片足ずもう　107
　3　背負いつり出し　108
　4　片手ずもう　108
　5　ダルマずもう　109
　6　親子指ずもう　109

ゲーム・リーダーのコツ　110

1 みんなで立ってするゲーム

1　泣き笑いスクラム　〔全〕

　5人か6人くらいのグループを作ってください。作ったら、隣り同士軽く腕を組みましょう。
　人間は腹の底から、泣き、笑うことが大切です。これから、いっしょに、泣いたり、笑ったりしましょう。私が「笑って、笑って」といったら右に歩きながら、「ワッハッハッハ」と大きな声で笑ってください。「泣いて、泣いて」といったら左に歩いて、「アーン、アーン」。「おこって、おこって」といったら前へ進みながら、「プン、プン、プン」。「すまして、すまして」といったら後ろへさがりながら、「ツン、ツン、ツン」というのです。思いきって動き、思いきって声を出しましょう。組んだ腕がはなれたり、よっぱらいのように、どっちへいったらいいかわからなかったグループは負けですよ。さあやりましょう。腕を組んで用意‼

〔コツ〕

　グループを組ませたまま、動かずに、泣いたり笑ったりして顔と声のけいこを1度ずつやっておくとよい。
　指導者は、「笑って、笑って」などということばもリズミカルにいいながら、動く方向を示すゼスチャーをしてやるとよい。

2　規格的紳士

〔大〕

　「何でもオーダーでなければ」と，ぜいたくな体ではいけません。どんな物でもピッタリと身につく規格的紳士になりましょう。
　5人か6人くらいのグループを作ってください。競技する人は自分の上着・ネクタイ・ハンカチ・ソックス・靴をとって，スタートラインとゴールラインの間に置いてください。審判係は，誰の物かわからないように入れ替えて並べます。「ヨーイ，ドン」で，走っていって，いま出した5つの物を身につけるのですが，絶対に自分の物を身につけてはいけません。みんな他人の物を着たりはいたりするのです。
　ゴールに入ったとき，
　① 自分の物をつけていたら失格。
　② 早くて，しかも一番体にピッタリと合っていた人が1等です。

(応用)

　親子ゲームにするなら，子どもを運動シャツとパンツにしておくと，着せる物も登校競走のような形でふえるのでおもしろい。
　習慣になってしまって，つい，自分の物を着てしまったり，自分の体に合わなくて，チンチクリンやダブダブができるのが見もの。

1 みんなで立ってするゲーム

3 まつりだ わっしょい

〔全〕

　5人か6人のグループを作ってください。輪になって，腕を組みます。腕を組んだまま，左に左に，ぐるぐる回れますね。右にも回れますか。

　「進め，進め」といったら，「わっしょい，わっしょい」といいながら，左に回ってください。

　「もどせ，もどせ」といったら，右に回ります。

　つぎに，「引っぱれ，引っぱれ」といったら，組んでいる腕をはなして，手と手を握り，うんと輪を広げます。手をはなさないように，ぎりぎりいっぱい，広がってください。

　「そら押せ，そら押せ」といったら，くるりと背を向けて，背中から輪の中心へ寄って，背中でうんと押しくらをやってください。

　いつも「わっしょい，わっしょい」と，元気よくかけ声をかけるのを忘れないでください。ばらばらになれたり，ひっくり返ったり，つかれてすわりこんだグループは負けですよ。さあ，おまつりのみこしをかついでいる気分ではりきってやりましょう。

準備するなら

　鐘か太鼓が用意できたら，「わっしょい，わっしょい」の声に合わせて，「チンチチチン」とか「ドンドコドン」とたたいてやると，威勢のよい，おまつり気分が出てたのしくなる。手ぬぐいのある人には，はちまきをさせるとよい。

4　ゆかいな鼓笛隊

〔幼〕
〔小〕

　これから鼓笛隊を作って行進します。みんな、私の後ろに１列に並んでください。

　私が腕を大きく回したら、大太鼓です。「ドンドンドン」と口でいいながらたたくまねをしてください。手首を肩の横にあげて、くるくると回したらバトンを回すゼスチャーをしてください。手をまっすぐ上にあげたら小太鼓です。「タララッタ」といいながら両手でたたく動作です。手を横にのばしたら、笛です。横笛を吹くようにして指を動かし、「ピッヒャラヒャラ」と、いってください。

　一番はじめは、大太鼓です。「前へ」で用意、「進め」で行進曲を口ずさみながら行進しましょう。私がよく見えるように、円をえがいて歩きますから、みなさんも、よく私の手を見て歩いてくださいよ。

　１回まわったら、ステップ、スキップ、ランニングと、足の方もかえてみましょう。

　うまくやれるようになったら、こんどは私のやってることを絶対まねしないで行進してみましょう。

【準備するなら】

　三角帽とバトンか手旗があれば、それをリーダーが使うとよくわかる。簡易楽器があったら、各々好きな物を持たせて、リーダーが「笛」の合図をしたときは「笛」の人だけが吹いて、あとは、鳴らさないといったあそびにしてもよい。

5　時間厳守コンクール　〔大〕

時間を正しく守れる人を選びましょう。時計がなくとも「1分」くらいなら計ることができる，という自信のある人は出てきてください。

1列に並んで，私が「はい」といったら，じっと正面を見て，頭の中で1分を計ってください。「1分ちょうどだ」と思ったら，すぐ，すわるんですよ。

計時係の人は，「1分」たったら，この人たちに見えないように，手をあげてくださいよ。そのとき，まだつっ立っている人はのんびりやさん，それより早くすわった人はあわてものです。

ほかの人は，その間，歌をうたいましょう。必ず私のタクトに合わせてうたうんですよ。さあ，用意，はいっ。

> (コツ)
> 歌はなるべくみんなの知っているかんたんな歌にして，タクトはテンポを速くしたり，遅くしたりしてリズムをくずし，計算を狂わせる。

6　石ひろいゲーム

〔幼〕
〔小〕

石ひろいをしましょう。

「ヨーイ，ドン」

で，自分の手のひらの上にのるだけ，石をひろいあつめて，私のところに持ってきてください。

私が，いま，みなさんに見えないように，手の中にかくしている石よりも，大きい石をひろうのですよ。

石をひろってきたら，さあ，私の手の中の石を見せましょう。

この石より小さな石が，みんなの手の中にあったらすててください。そして，残った石を片方の手のひらにのせてください。

いくつのっていますか？　一番数の多い人が勝ちですよ。

> (コツ)
>
> 運動会前の石ひろいなどでやると，励みが出てくる。あとで石をすてるときの，「すてる場所」または「箱」などを用意しておかないと，集めた石がまた散らばってしまう。標準の石は踏んでもけがをしないていどよりやや大きいくらいにすればよい。

1 みんなで立ってするゲーム

7 大売り出し　〔大〕

　みなさんを2組に分けます。私から左はみんなA組，右はみんなB組です。みなさん，何でもけっこうですから，身につけている物をはずして用意してください。上着でもネクタイでも，靴や手帳，時計，何でも1つでいいのです。

　「はじめ」といったら，A組は左の机の上に，B組は右の机の上に，1人ずつ，つぎつぎに出てきて，自分の持ち物を積み重ねていってください。全部終わったときに，高く積まれた方が勝ちです。

　終わったら，これを混ぜ返します。どこに何があるかわからないようにしますから合図と同時に，1人ずつ順に出てきて，自分の持ち物をまちがえずに持って帰ってください。特売場といっしょで，ほかの物を落としたり，よごしたりしないよう，早くさがしてくださいよ。早く机の上に，何もなくなった方が勝ちです。

(コツ)

　机の上に，段ボールの箱を置いて，その中に品物を入れると，持ち物をさがすときのようすが特売場でひっかき回している姿そっくりになる。紛失するといけないから，あまり小さな貴重品はさけた方がよい。

(応用)

　2つの箱の中に，品物の絵をかいたカードと金額をかいたカードを別々に入れておいて，先に金額のカードを取り，その金額に合った品物を箱の中から（2つ以上でもよい）持って帰り，あとで，品物の値段を発表して，「買い物じょうず」を決めるゲームがある。

8　オッカケ体操

〔全〕

　まっすぐ立ってください。これから，オッカケ体操をはじめます。
　1で，右手を右肩に，左手はそのまま。
　2で，右手をまっすぐ上にのばすと同時に，左手を左肩につけます。
　3で，右手を肩につけると同時に，左手をまっすぐ上にのばします。
　4で，右手をおろすと同時に，左手は肩のところへかえります。
　つぎの1で右手を肩に，左手を下にのばします。こうして左手は右手より1つずつあとを追っかけていくことになります。やってみましょう。左手と右手がもつれないように，はい，1，2，3，4。1，2，3，4。
　できましたね。こんどは，

(コツ)
　はじめは上下のみ，つぎに横，それから，前，とじょうずになるにしたがって1つずつふやせばよい。上半身ができるようになったら，足ぶみを加えると，テンポがくずれてむずかしくなる。

オッカケ体操

1 みんなで立ってするゲーム

　4で，右手をおろさないで，横にのばします。
　5で，左手を横にのばし，右手を肩に。
　6で，右手を下にのばし，左手は肩です。
　やってみましょう。1，2，3，4，5，6。1，2，3，4，5，6。
　はい，つぎは，前にのばす運動を加えます。
　6で，右手をおろさずに，前にのばします。もちろん，左手は肩です。
　7で，左手を前に，右手は肩。
　8で，右手をおろして，左手は肩。
　いいですか。だんだんむずかしくなりますよ。それ，1，2，3，4，5，6，7，8。1，2，3，4，5，6，7，8。
　うまくやれる人は，足ぶみをしながらやりましょう。足はひざが水平になるまであげるのですよ。はい，1，2，3，4，5……。
　できたら，曲に合わせてやりましょう。

9 ケロケロ・グァツグァツ

〔幼〕

　円をかきますよ。これがかえるのお家です。みなさんはかえるの子どもですから、この円の中へ入ってください。

　ここに、ハンカチが2枚あります。1枚だけ振ったら、雨がポツポツ。2枚振ったら、大きな雨。振りが止まってきたら、雨がやんできた。ハンカチがなくなったら、おひさまがてりだしたのです。

　かえるの子どもは、雨が好きですね。雨がポツポツとふりだしたら、かえるさんはピョンと円の外へとび出して、ピョンピョンはねてください。大雨になったら、ハンカチについてあちらこちらさんぽします。遅れないようについてきてください。かえるさんでなくなったらだめですよ。

準備するなら

　いすを、座席を内側にして、円形に並べ、そのかこいの中を家にしておき、雨がやんだら、その中へ入っていすにすわらせる。雨は、ハンカチを振ることから、レコードで雨の音を出すなどいろいろ工夫したい。

1 みんなで立ってするゲーム

雨がやんでおひさまが出たら，急いで，お家の中へ帰ってください。体がかわくとかえるさんは病気になりますからね。

はじめに「ケロケロ・グァッグァッ」をうたいますから，歌が終わったら，ハンカチの通り，かえるさんになって動いてくださいね。

　　ケロケロ　グァッグァッ
　　ケロケロ　グァッグァッ
　　雨雨　ふれふれ
　　ケロケロ　グァッグァッ

(コツ)

室内でやるときは，出入口の方から中へ向かってとんでいくように指導しないと，幼児は外へ出ていってしまうことがある。雨がやんだら家へ帰るという動きは，日常自分の席へ早くつく訓練にも応用できる。

10 動物の大行進

〔幼〕

はいつくばってかめになって歩いてみましょう。つぎは4本足になって、犬になって走りましょう。つづいて手を胸の前に持っていってうさぎです。ピョンピョンとびましょう。こんどはペンギンです。ひざをくっつけて、よちよち手を振って歩きましょう。みんなできますね。

私が動物の名前をいって歩きますから、みんなすぐにまねをしてついてきてください。じょうずにできますね。

つぎは、私のまねをしてはいけません。どんな動物をまねてもよろしいが、私と同じ動物のまねをしてはいけませんよ。まごつかないで、しっかり行進しましょうね。

> **コツ**
>
> 動物の種類をいろいろと変えてもよいが、「歩く物」と「はう物」と「とぶ物」などのように、特徴のはっきりちがう物であること。「ねこ」「くま」「とら」などと並べると変化がない。なれてきたら「鳴き声」を出しながらやるとよい。

2 みんなですわってするゲーム

1 こぶたくん,手をあげて 〔幼〕〔小〕

　さあ,みんなでこぶたになりましょう。いいですか,みんなこぶたさんですよ。
「こぶたくーん」
　あれ,「はーい」ってお返事できない人がいますね。もう1度。
「こぶたくーん」(「はーい」)
　よろしい。では,「こぶたくん,○○してください」っていったら,その通りしてくださいよ。
「こぶたくん,手をあげて」
「こぶたくん,手をおろして」
「かえるくん,手をあげて」
　おや,かえるに化けたのはだれですか?
「はい,手をあげて」
　あれ,「こぶたくん」っていってないよ。みんなこぶたくんってことを忘れないようにね。では,こんどは速くやりますよ。

2　手をあげて〔全〕

　みなさんには手がありますね。お人形さんにも手がありますね。だから手があげられますね。
　でもダルマさんには手がありません。だから「手をあげろ」っていってもあげられませんね。
　わたしが「〇〇さん、手をあげて」っていいますから、手をあげられるものだったらみなさんの手をさっとあげてください。手のない物をいったら、あげてはいけませんよ。
　さあ、はじめましょう。
　「おさるさん、手をあげて」
　「坊や、手をあげて」
　「ロボットくん、手をあげて」
　「机くん、手をあげて」
　「ダルマさん、手をあげて」
　おやおや、ダルマに手のある人が出てきましたね。
　こんどは、前足のある物はよいことにしましょう。たとえば、ねこでもカンガルーでも手のかわりに前足をあげますね。
　さあ、それでは、もう1度。
　「うさぎさん、手をあげて」
　「ねずみくん、手をあげて」
　「くじらくん、手をあげて」
　くじらに手があったかな……?

（コツ）
　集会のときの休けい前などにやるとよい。「つかれたから深呼吸しましょう」などといって、手をあげさせ、「もっとしっかり」と、手のあげおろしをリードして、つづきにこのゲームをやるとたのしい。

（応用）
　「手をあげて」、「はい、おろして」と何回もテンポを速めながらやっていると動作が機械的になる。その機をはずさず、「はい……」と黙ると、やはりあげおろしをするものがある。「何もいってませんよ」といったような「はい、手をあげて」のゲームもある。

3　目と口の体操

〔全〕

　心のゆたかな人は、表情もゆたかです。いつもこわばった顔をしていると、神経がとがっておかしくなります。

　表情で一番大切なのは、目です。目を見るとその人の心がわかる――といいますね。

　つぎは口です。口もとが変わると表情も変わってきます。

　そこで、これから、目と口の神経を育てるために目と口の体操をしましょう。

　目をまっすぐ、口もまっすぐにしてください。

　なかなかしっかりしていますね。

　つぎは口はそのままで目を横に向けます。こわい顔してにらんでますね。「あいつめ」というようですよ。

　目をそのままにして口をあけましょう。「あら、えらいことしちゃった」になりましたよ。

　こんどは、口をあけたまま、目を下に向けましょう。「ギョッ！」と、おどろきましたね。

　目をそのままで、口をとじましょう。「うーむ」しかられて、いいわけでもしたいようです。

　口はそのまま、目を上に向けてください。「えーと、何だったっけ」思い出してますね。

　目を上に向けたまま、口をあけてください。

　おや、頭の働きが止まったようですね。これでおしまい。

　顔がくしゃくしゃしたら、マッサージをしましょう。

コツ

　おしまいに、「ばか」みたいな顔になるところがミソだから、順序をうまくやること。

　目と口の開くのを別々にしていこしながら、はずかしさをなくして、まじめにやるように、リードしていくこと。

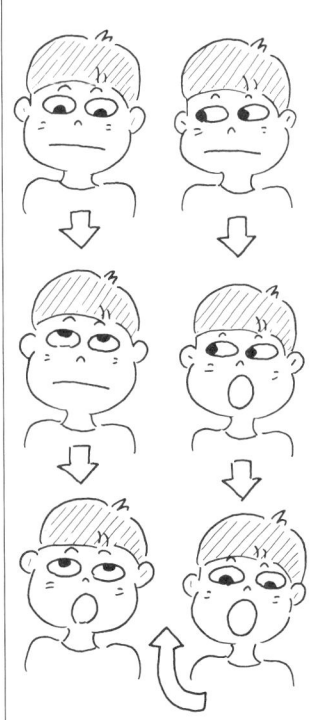

4　テレビの顔

〔全〕

　みなさんはテレビの俳優です。みなさんの顔はいま，アップ，おお映しに画面に映っています。

　私がこれからせりふをいいますから，そのせりふに合った表情をしてください。

　「やあ，きれいな花だなあ！」
　「あれ，だれかがよんでるぞ」
　「なんだ，あのやろう」
　「あっ，ブルドッグがいる」
　「ああ，腹がいたい」
　「あの人とは，もう会えない！」
　「かわいい赤ちゃんだなあ」
　「ちぇっ，ちっともおもしろくないや」

　うまい，うまい，よく実感が出ていましたよ。

　それでは，隣りの人と向かい合ってください。

　ジャンケンで勝った人は，テレビのナレーターです。負けた人は，役者です。ナレーターは，自分の好きなせりふを１分間しゃべりつづけてください。

　役者になった人は，そのせりふの通りの表情をします。

　手を使ったり，ものをいったりしてはだめです。

　ナレーターは，よく役者の顔を見て，自分のせりふ通りの表情が出てるかどうかしらべてください。

　まじめにやるのですよ。はずかしくてとまどったり，ゲラゲラ笑い出した人は，負けですよ。

〔コツ〕

　せりふは間が抜けないよう，つぎつぎにしゃべること。また同じような感情を表すせりふばかり並べないで，前のせりふと正反対のような感情の入ったせりふをいうと，変化ができるのでおもしろい。

5 さあ，笑いましょう

〔全〕

　笑うことは，体のためにたいへんよいことです。
　これから，ハ，ヒ，フ，ヘ，ホで笑いましょう。私のいった通り，口まねをしてから笑ってください。
　「ホの字で笑おうじゃないか，ホホホホ」
　この通りいって笑うのです。ホホホホだけではいけません。
　「への字で笑おうじゃないか，ヘヘヘヘ」
　だんだん大きく笑ってください。
　ホ，ヘ，フ，ヒ，ハの順に笑ってきました。ハの字が一番大きく笑えましたね。
　さて，もうひとつおまけに，ワをつけて，
　「ワをつけて笑おうじゃないか。ワッハッハッハッハ」
　そんなに笑いころげてはいけません。

コツ

　みんな笑うだけでなく，必ずリーダーのいったことばをまねていってから，笑うようにすること。笑うゲームには，ほかに「静かに」「ゆかいに」「大きく」「底抜けに」といった分け方もある。

6　アマノジャク

〔全〕

　みなさんに，アマノジャクになっていただきます。アマノジャクですから，絶対に私のいうことをきいてはいけません。絶対にきかないという証拠に，私のいうことの反対のことをゼスチャーで示してください。

　私が，「鼻をさわれ」といったら，耳か目をさわるのです。けっして鼻をさわってはいけません。

　「ねむいなあ」といって目をこすったら，みなさんは目をパッチリあけてにらみ返すのですよ。同じように，ねむそうな顔をした人は負けです。また，何もしないでじっとしていたり，うろうろしてばかりいる人も負けにしますよ。

　さて，どれだけアマノジャクをつづけられるでしょうか。だんだん早くやりますよ。

(応用)

　ことばのアマノジャク――リーダーが「鼻」といったら「耳」とか「目」とか，同じく体のほかの部分をいう。この場合，「鼻鼻鼻，耳」と，前置きのことばとちがった名を急なテンポでいうことです。

7　手をたたきましょう　〔幼〕〔小〕

拍手のけいこをしましょう。

① はじめに大きくたたいてください。つぎに小さくたたいてください。こんどは，私が手を回しますから，手を下の方へやったら小さく，手を上へやったら大きくたたいてください。そして，手を胸のところでグッと握ったら，ピタリとやめるのです。ピタリとやめないでバラバラと手をたたいた人は負けですよ。

　　さあ，はじめましょう。

② 拍手の音の小さい人がありますね。自分が一番大きいと思う音を出してください。手を広げて，強く。そうそう。

こんどは「1つ」だけ，大きな拍手をしてもらいます。「1つ」だけですよ。いいですね。私もたたきますからね。

　はい，「1つ」……。

　だれですか，「2つ」たたいたのは。

　では，つぎは「2つ」です。

　いいですか。「2つ」って数，知ってますね。元気にたたきましょう。それ，「1，2，」……。

　あれ，まだ私につられて，ポツンと3までたたいているのはだれですか。

コツ

1つ，2つ——とたたくときは，リーダーは大きな身振りでポンポンと手を打って，はじめに決めた数よりも，もう1つ，よけいに打つまねをすると，何回やっても，必ずだれかがポツンとたたきます。

8　指を折りましょう　〔全〕

　両手を出して，指を折りましょう。のばしましょう。よく動きますか。では，親指から順に，1つ，2つと曲げてください。かんたんにできますね。こんどは，両手とも左から順に曲げるのです。右手は小指から，左手は親指からということになりますね。早くできますか。できたら，つぎは右からです。うまくなったら，手を前にしっかりのばして，手のひらを向こうへ向けて出しましょう。そう，物を押すような形です。そうして，両手とも同じ方向に指を曲げます。はい，1，2，3，4，5。のばして，1，2，3，4，5。

　かんたんなようですが，指がこわばって，速く曲げのばしができないようですね。

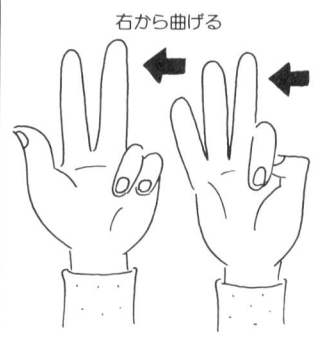

右から曲げる

9　「はい」「いいえ」　〔全〕

　これから，お話をします。途中で手をあげますから，そのとき，私がまちがったことをいっていたら「いいえ」といってください。ほんとうのことをいっていたら「はい」と答えてください。たとえば，
　「山があるいていました」といって手をあげたら，
　「いいえ」
　「鳥がとんでいます」で，手をあげたら，すぐ，
　「はいっ」
　と，元気よくいうんですよ。

　みなさんがじょうずだったら，だんだん，短く，早くやりますからね。

（コツ）

　リーダーは，あらかじめ短い話をいくつも用意しておくこと。話の中に出てくる「誤り」と「誤りのように聞こえるところ」は，ことさら，はっきりいってやるのがよい。ただ表情はそっぽを向くように冷たくすること。

10 ムー・ミュー・バウワウ

〔全〕

イギリスの猫は何て鳴くか知ってますか？ やっぱり「ニャーン」？ いいえ、イギリスの猫はね「ミュー」って鳴くんです。牛は「ムー」、犬は「バウワウ」。覚えましたか？

じゃ、私が日本語で鳴きますから、みなさんは英語で鳴いてくださいよ。はい。

「モー」（「ムー」）

「ニャーン」（「ミュー」）

「ワンワン」（「バウワウ」）

はい、よろしい。

それでは、牛は頭の横に、手で角を作ってください。そして鳴きましょう。「ムー」。

猫は両手でこぶしを作ってまねくように目をこすりましょう。そして「ミュー」。

犬は、握った手をぐっと前につっぱって、ほえましょう。「バウワウ」。

さあ、私が日本語で鳴きますから、みなさんは、ゼスチャーをして英語で鳴くのですよ。

「モー」（角を出して「ムー」）……。

さて、つぎは、私もゼスチャーをします。まちがうかもわかりませんが、みなさんは、鳴き声の通りのゼスチャーをしてくださいね。

コツ

子どもが英語に興味を持つきっかけを作りたいときなどにやるとよい。英語の鳴き声を覚えてなくとも、ゲームを進行していって、「あれ、日本語で鳴いたのだれ？」などと、いいながら覚えさせるとよい。

11　ひとつでワンワン

〔全〕

「いぬ」の鳴きまねをしましょう──ワン，ワン。
つぎは，
「ねこ」──ニャオ，ニャオ。
「ぶた」──ブー，ブー。
はい，よくできましたね。
こんどは，私が手をたたきますが，
　1つ「ポン」と，たたいたら，「ワン，ワン」
　2つ「ポンポン」と，たたいたら，「ニャオ，ニャオ」
　3つ「ポンポンポン」と，たたいたら，「ブー，ブー」
と，鳴いてください。
　速くたたいたり，遅くたたいたりしますから，うまく，合わせてください。そして，拍手の数を聞きまちがえないように，鳴いてくださいね。

> **コツ**
>
> 　リーダーの手のたたき方は，「1つ」は大きくポン，「2つ」はポンポンと軽くリズミカルに，「3つ」はポンポンポンと速いテンポでたたいて，いくつたたいたかはっきりするメドを作ってやること。

3 紅白に分かれるゲーム

1 リモコン競走

〔全〕

2人1組で、1人はロボット、1人はそれを無線で動かす技師になってください。この無線には4つの信号があります。

「ビー」と鳴ったら、前へ一歩進む。
「ブー」と鳴ったら、後ろへ一歩さがる。
「ジー」と鳴ったら、右へ一歩寄る。
「ズー」と鳴ったら、左へ一歩寄る。

ロボットは一歩ずつ、技師の信号によって進むのです。技師は、口でこの信号を出してロボットをうまく10メートル先のマルの中に入れてください。技師はスタートのところをはなれてはいけません。

また、同じ信号を2回つづけて出してもいけません。ロボットは自分の技師の声を聞きまちがえて混線状態にならないよう耳を働かしてください。一番先にマルの中へ入ったら、「バンザーイ」といって両手をあげます。

早く動かすことが大切ですが、信号をまちがえたり、隣りのロボットと衝突したりすると失格です。

信号になれてきたら、信号と動きの約束を変えてみましょう。

> (コツ)
>
> 2組いっしょに声をかけるので、赤組の技師の声と白組の技師の声を混同することがある。聞きまちがえて動いたり、合図の通り動かなかったりの反則を発見するため、相手側の監視役をつけておくとよい。

2 バッファロ・ゴウ・ゴウ

〔全〕

　だれでもいいから5人くらい出てきてください。これからバッファロ，つまり牛の競走をしましょう。うさぎとかめは，「どちらが先にかけつくか」と，かけくらべをしましたが，牛の競走は，「どなたが一番あとになるか」という競走です。「ヨーイ，ドン」で，なるべくゆっくり，ゆっくり，スローモーション映画のように走るのです。ただし手は大きく，足も大またに，大きく走ってるようすでなくてはなりません。そして，少しでもじっと止まってはいけないのです。動作が少しでもストップしたり，同じところで足ぶみしたり，後ろへもどるようなことがあったら失格です。ほかの人は，牛の歌「バッファロ・ゴウ・ゴウ」をうたって応援してあげましょう。

コツ

　選手が出てくる間，または選んでいる間に，応援歌をけいこしようといって，「バッファロ・ゴウ・ゴウ」の歌を覚えさせておく。障害物は，室内ならふとん，箱など。屋外なら，輪をかくか，石，上着，新聞紙など手近な物を使うかすればよい。スローモーション映画になれば成功。

　　バッファロ　ゴウ　ゴウ
　　バッファロ　ゴウ　ゴウ
　　バッファロ　ゴウ　ゴウ
　　ゴウ　ゴウ　ゴウ
　　バッファロ　ゴウ　ゴウ
　　バッファロ　ゴウ　ゴウ
　　バッファロ　ゴウ　ゴウ
　　ゴウ　ゴウ　ゴウ
　　牛のあゆみのおそくとも
　　つづくよ　つづくよ　どこまでも
　　バッファロ　ゴウ　ゴウ
　　バッファロ　ゴウ　ゴウ
　　バッファロ　ゴウ　ゴウ
　　ゴウ　ゴウ　ゴウ
　　バッファロ　ゴウ　ゴウ

3 紅白に分かれるゲーム

バッファロ　ゴウ　ゴウ
バッファロ　ゴウ　ゴウ
ゴウ　ゴウ　ゴウ　　ゴウ　ゴウ　ゴウ
ゴウ　ゴウ　ゴウ　　ゴウ　ゴウ　ゴウ

はい，歌が終わったところで，ストップ。さて，一番後ろにいるのはだれですか。その人が優勝です。

応用

自転車または三輪車を使って，スロー競走をする。足が止まったり，足が地についたりしたら失格。

バッファロ・ゴウ・ゴウ

3　駅弁競走　〔小〕〔中〕

　新幹線，特急電車などが走る今では，窓から首を出して「弁当」を買うたのしみがなくなりました。
　そこで，昔なつかしい「駅弁」競走をやりましょう。「白」と「赤」に分かれてください。どちらの組もそれぞれ4人の組を作ります。4人のうち，
　A君は，「駅弁売り」
　B君は，「駅弁」
　C君は，「お客」
　D君は，「汽車」
になります。
　D君だけは，「赤」と「白」が入れ替わります。赤組のD君は白組の汽車に，白組のD君は赤組の汽車になるわけです。
　D君は，スタートラインとゴールの中間で，両手，両ひざをついて馬になってください。C君はその上にのります。
　「ヨーイ，ドン」
　で，C君は後ろを向いて大きな声で，A君とB君に，
　「オーイ，弁当」
　といってください。
　同時にD君はC君をのせたままゴールに向かって走ります。
　A君はB君を向こう向きにだきかかえて走ります。B君は腕を首の後ろへ回して，A君の首にしっかりとぶらさがります。B君は手にC君に弁当を売ったという印になる，ハンカチか紙かマッチか何でもよいから，1つ持ってください，C君も弁当を買ったという印に，B君にわたすハンカチを用意してください。

コツ
　駅弁になるのは一番軽い子どもがよいが，体重がかつぐ「駅弁売り」とあまり変わらない場合は，さるが木にぶらさがっているように，向かい合わせにぶらさがって，足で「駅弁売り」の胴をはさむようにして抱かれるとよい。

準備するなら
　駅弁売りは，図画の画板を首からかけ，その上に，積み木を5つ重ねて走ります。汽車は，積み木の箱車などの箱に車のついた物にして，それに客をのせてひっぱります。汽車の役は2人にしてもよいでしょう。駅弁売りは積み木をおとさないようにして汽車を追っかけます。客は，うまく積み木を取りますが，何個取れたかが競争です。何組かやって積み木をたくさん集めた組が勝ちです。
　また赤組が車にかごをのせて走り，駅弁売りが，そのかごを追っかけてゴールに入るまでに積み木を何個入れたか，という競争もできます。

3 紅白に分かれるゲーム

　A君とB君の「駅弁売り」は，D君の走る汽車に追いついてC君に弁当を売らねばなりません。A君とB君はC君を追っかけて，ハンカチをわたします。C君は自分のポケットからハンカチを出してB君にわたします。

　D君がゴールに着くまでに，早く売った方が勝ちです。

　D君はどんどん走って相手の売り買いができないようゴールへ進みますが，立ちあがって走ってはいけません。

　C君は，買うときにD君からおっこちたらだめです。A君はB君をおろしたりしたら負けです。

　1回ごとに勝ち負けを決めて，勝った組の合計で勝ち負けを決定します。

4　人間ボーリング

〔全〕

　ボーリングよりやや広い幅の線をかき，ピンのところに6人のピンの役をする人を置きます。ピンの役をする人は，人が通れるくらい間をおいて前に3人，まん中に2人，一番遠くに1人立ってください。1人で立っている人だけ向こうを向いてくださいよ。

　ボールになる人はこちらのスタートラインの前で目かくしをしてもらいます。手ぬぐいのない人は後ろ向きに立ってください。

　では，プレーヤーはボールを一番奥の向こう向きに立っているピンにぶつかるように方向を決めてポンと背中をたたいてください。ボールはまっすぐに歩いていきます。プレーヤーは右とか左とかスタートラインのところでコーチして，途中のピンにふれないように，一番奥のピンにあたるように歩かせます。途中のピンにふれただけ減点です。

(応用)

　人間のかわりにピンまたはボールを置いて，これを倒したり，けとばしたりしないように通り抜ける。反対に，どれだけ多くのピンを倒したかによって点数を決める遊び方もある。

5　バック・オーライ　〔小〕〔中〕

　2人1組で，1人はスタートラインに，後ろ向きで立ちます。10メートルほど先に，輪をかいておき，そこを回ってもとへもどってくる競走です。ほかの1人はリーダーです。後ろ向きに歩く人に危険のないように，またまっすぐ歩けるように，そして，うまく輪のところを回れるように，「オーライ，オーライ」「右へ右へ」「よーし，ストップ」などと，指図してあげてください。

　後ろ向きに走る人は，リーダーのいうことを信じて，その通りに走ります。振り返って，いく方向を見たり，足もとを見たりしたら，反則です。

　さあ，隣りの組に負けないよう，しっかり走り，しっかりリードしてあげてくださいよ。

（コツ）

　リーダーは，手を後ろに回して，バックしている人より約2メートルほどはなれてついていくこと。もし，「鐘」か「タンバリン」があれば，リーダーが先に歩いて，音を鳴らして合図して導いていくとよい。

6　ほたるの光とり　〔幼〕〔小〕

　赤と白に分かれ，2人1組になります。2人のうち，A君は光をとりにいく役で，B君はA君の後ろに背をかがめてくっついていきます。

　「ヨーイ，ドン」

　で，A君は相手の組のほたるの光，つまり相手のA君の後ろにくっついているB君をつかまえにいきますが，自分の後ろにいるB君が相手のA君につかまらないよう守ってやらねばなりません。うまく回りこんで，相手のB君をつかまえたら，自分の陣につれて帰って，すわらせておき，また，つぎの「ほたるの光」をとりにいくのです。つかまえた相手をつれて帰るときは，2人とも立って走っていいのです。

（応用）

　後ろの「逃げ役」に運動帽をかぶせて，前の「つかまえ役」に帽子を取らせる，「帽子とり」もできる。また，腰に「風船」をつけ，新聞紙をまるめた棒で，「逃げ役」の風船をわるのもおもしろい。

7 ボートレース 〔中〕〔高〕

　若い元気のいい方ばかりがそろいましたね。では、ボートレースをやりましょう。横に、1列に並んでください。並んだらゴールに背中を向けて腰をおろすのです。

　1度、ボートをこぐ練習をしてみましょう。ひざを立てて、両手を握って前にそろえてオールをつかんだ姿勢です。オールをつかんだ両手を、大きくぐっと引き寄せ、またぐっとつき出して、こぎましょう。

　それだけでは、ゴールまで進みませんね。そこで、ひざをぐっと引き寄せて、足をしっかりと地につけ、両足で地面を前にけりながら、腰を浮かせて、後ろへサーッと移動します。動いたら、また足を引き寄せて、くり返します。手と足をうまく、ボートをこぐように動かしましょう。

　練習がすんだら、ラインに向こう向きに腰をおろして用意してください。後ろへ後ろへ進んで早くゴールに着いた人が1等です。

　歌に合わせて元気よくこぎましょう。はいっ。
　　こげ　こげ　ボート
　　かろやかに
　　たのしく　たのしく
　　たのしく　たのしく
　　ゆめのせて　　（「ロウ・ユア・ボート」のメロディーで）

コツ

　中・高校生または、小学校高学年のピチピチした年齢が適当である。下が板のようにすべりやすかったり、ソックスをはいていたりすると、かかとで支えきれなくてバックできないから、場所とはきものに注意する。

3 紅白に分かれるゲーム

8 おおなみこなみ 〔小〕〔中〕

　3列にたてに並んでください。1列目と2列目の人たちは，向かい合って，手をつなぎます。みなさんは「なみ」になるのです。

　私が「おおなみ」といったら，つないだ手を少しあげてください。

　「こなみ」といったら，手をつないだままひざを折ってすわります。

　これを，つづけてやりましょう。立ったりすわったりですから，しっかりしていないとフラフラしますよ。

　はい，おおなみ，こなみ，ザンブリコ，チャップリコ。

　そうです。こんどは，みなさんでいいながらやってください。

　3列目の人たちは，このなみの中を通って向こうへ抜けていくのです。

　「おおなみ」のときは手の下をくぐり抜けます。

　「こなみ」のときは，手の上をとびこえていきます。

　ひっかからないように，うまく通り抜けてください。

　うまくできたら，赤と白に分かれますから，赤の人は白のなみを，白の人は赤のなみをこえることにしましょう。

〔応用〕

　手をつなぐかわりに，なわを持って引っぱり，その下をくぐったり，とびこえたりさせる。選手が数人1列に並んでいくことにすると「特急ひかり」という野外ゲームができる。

9　おはようゲーム

〔幼〕

　みなさんはもうおともだちの名前を覚えましたか。覚えているか，いないか，ゲームでしらべてみましょう。右の列と左の列に分かれて，一番前の人から，1人ずつ，私の前へ出てきます。
　私の前で，右の人と左の人が出会いますね。出会ったらすぐ，
「おはよう，〇〇さん」
と，相手の名前をあとにつけて，朝のごあいさつをします。相手の名前を早くいった方が勝ちです。

コツ

　幼稚園や保育所の新入児，または，1年生などの初期に使うと，子どもの名前を覚えながら，「ごあいさつ」の方法と，ことばをはっきりいう指導ができる。歩いてくる距離は長い方がよい。

10　出ろ！　出るな！

〔全〕

　赤と白から2人ずつ出てください。この2人はぶたとくまです。つぎに，赤と白から5人ずつくらい出てきて人垣(ひとがき)を作り，その向こうにぶたとくまはかくれてください。
　私がこれから，
「ぶた出ろ，くま出るな」
「くま出ろ，ぶた出るな」
などと，「出るな」「出ろ」をつけて呼びますから，「出ろ」と，いわれたものは首をすばやく出してください。「出ろ」といっても出なかったり，「出るな」といわれているのに出たらダメ。1分つづけてダメの多い組が負けです。
　赤と白から，1人ずつ監視役が出て，相手の組のまちがいをじっと監視してくださいよ。

コツ

　「出ろ」「出るな」はだれかが失敗するまで連続してつづけていう。ダメがあったら，少しまって，またつづける。年齢の大きい人なら，監視役が新聞紙をまるめて持ち，まちがった人の頭をポンと軽くたたくとおもしろい。

11 ホール・イン・ワン

〔全〕

　3人1組になってください。
　A君は，ゴルファー
　B君は，ゴルフのボール
　C君は，ホール
になります。
　C君は相手の組のホールになって，相手の組のC君から，やや，はなれて立ちます。
　A君とB君は，両組ともC君からの距離が同じになるように，はなれて立ってください。
　A君はB君が何歩でC君のところへいけるかよく考えて，B君の体をC君の方へ向け，たとえば，
　「9つ」
と，数をいって背中を「ドン」とたたきます。
　B君は，向けられた方向へまっすぐに，その数だけ歩きます。
　B君がその数だけ歩いて，うまくC君とピッタリ手をつなげたら，ホール・イン・ワン・大賞です。
　前で止まったり，いきすぎたり，方向がちがったところでストップしてしまったら，こんどは，その位置から，B君をC君の方へ向けて，数をいって「ドン」と歩かせます。
　ゴルファーになった人は，ジャンケンで，先にやるか，あとにやるか決めてください。
　少ない回数で，ホールに入った方が勝ちです。

コツ

　ゴルフに興味を持っている人のためのゲームです。元気な男の子なら背中をクラブで打つまねをしながら，「7つ」というように瞬間的に合図させる。ホールの役は決められた場所から動かないように注意する。

12 あなたの持ち物は

〔全〕

　赤と白に分かれて、向かい合ってすわります。どちらも、1人ずつ選手を出してください。

　選ばれた人は、赤組と白組の間に、相手側の選手と背をピッタリとくっつけて立つのです。

　それでは、私がポケットにかくしている物を、後ろに立っている人にわからないようにわたしますから、選手も、お互いに、後ろの人に見えないように手の上にのせてください。

　それでは、赤組の選手から、交互に、
「あなたの持ち物は丸いのですか？」

　などと、質問して、後ろの人の持ち物をあててください。早く「ずばりそのもの」をあてた人が勝ちです。

　ほかの人は、質問に「イエス」「ノウ」と答えてあげます。それ以外のことをいってはいけませんよ。

(応用)

　ついたてかふすまを2人の間に置いて、選手に仮装させたり、面をかぶらせて、「隣りの人は、何になっていますか？」と、お互いにあてさせる「私は何でしょう」というゲームがある。

13　忍者は走る　〔小〕〔中〕

　何組かに分かれてください。そして，まっすぐたてに1列に並ぶのです。
　「ヨーイ」で列の一番後ろの人を除いて，ほかの人は全員，両足を広げて，トンネルを作ります。
　「ドン！」といったら，列の一番後ろの人は，前の人たちの足のトンネルをくぐり抜けていきます。すぐ後ろの人が自分の足の間をくぐり抜けたら，つぎの人はすぐ，同じように前の人たちの足の間をくぐって通り抜けてください。3番も，4番も，みんなつぎつぎに，足のトンネルをくぐっていくのです。
　足のトンネルをくぐり抜けた人は，向こう向きにひざを折って，「うつ伏せ」になります。あとからくぐり抜けた人は，うつ伏せになっている人をまたいでいき，通り抜けたら自分もうつ伏せになります。全員が通り抜けたら，こんどは横向きに，ひざをのばしたまま，背を曲げて「馬」を作ります。つぎの人は前の人をまたいで通り抜けてきて，この「馬」を馬とびの要領でとびこえ，自分も馬になります。
　この3つを2回くり返したら，みんな，右手で前の人の右肩を持ち，左手で後ろへ曲げた前の人の左足を持ちます。そして片足でトントンと調子よくとびながら，ゴールに向かってください。
　すばやくできたら忍者になれますよ。

（コツ）

　小学校高学年，または，中学生の造形体操などの応用遊びに使うと効果がある。またぐときと，とびこえるときの並ぶ間隔をうまく適当にあけないと失敗する。

14 かささぎのはし

〔全〕

　たなばたのおりひめとひこぼしを引き合わせる，かささぎのはし作りの競争です。

　5メートルくらいの川をはさんで，おりひめ組のかささぎとひこぼし組のかささぎたちは向かい合ってください。

　どちらの組も川にそって2列に並びます。一番前の2人のうち，1人はひこぼし，反対の組の1人はおりひめになります。あとの人はみんなかささぎです。

　みんなで，「たなばた」の歌をうたいましょう。1回うたい終わったときが，スタートです。

　はじめの2人のうち，ひこぼしやおりひめでない方は，その場で手とひざをついて，背の上に，それぞれ「おりひめ」と「ひこぼし」をのせます。

準備するなら

　室内で，座ぶとんまたはボール紙を使うときは，列の横に積み重ねておき，「ヨーイ，ドン」でそれを1人ずつがとってきて，「ひこぼし」「おりひめ」の前においては，その上に「ひこぼし」「おりひめ」をのせていき，はしをわたらせるようにすればよい。はしを作るのに何枚使ったかが勝負になる。

3 紅白に分かれるゲーム

　つぎの2人のうち1人は，先のかささぎの隣りへいって同じように手とひざをついて並びます。もう1人は，「おりひめ」または「ひこぼし」を前の人の背からつぎに並んだ人の背の上に移してやります。移したらもとの列に返ってつぎの2人にバトンタッチします。こうして「ひこぼし」組はひこぼしを，「おりひめ」組はおりひめを自分たちの作ったはしにのせて近づけていきます。

　人がたりなくなったら，列に帰ってきた人たちで2人組を作ってはしをどんどん向こう岸にのばしてください。

　背中のはしにのっている「おりひめ」と「ひこぼし」がぴたりと手をつなぎ合ったら，ゲームは終わりです。

　さて「ひこぼし」と「おりひめ」の後ろに何羽のかささぎがいるでしょう。

　はしを作ってわたした，かささぎの多い組が勝ちです。

　「ひこぼし」組も「おりひめ組」も，軽い「ひこぼし」，軽い「おりひめ」を選ばないと，はしがくずれたり，移すのにてまどったりしてスムーズにわたらせることができませんよ。

（応用）

　① 「ひこぼし」と「おりひめ」が出会っても，そこで終わりにしないで，「ひこぼし」と「おりひめ」を入れ替えて，「ひこぼし組」は「おりひめ」を，「おりひめ組」は「ひこぼし」を，それぞれ自分の方へつれて帰るゲームをする。方法は，はしを作った逆に，後ろにいるかささぎが1つ後ろへ「ひこぼし」を送ったら，いま「ひこぼし」ののっていたかささぎが起きあがって，後ろへ移してやる，というようにすればよい。

　② ふとんを使ったときは，そのふとんをもとの場所へかたづけるゲームもできる。

4 輪になってあそぶゲーム

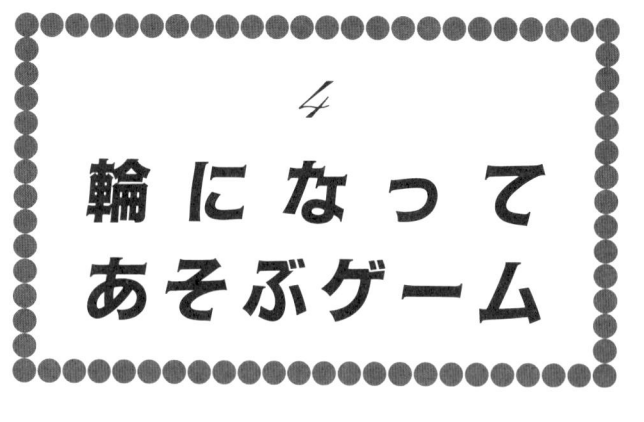

1 ねずみとねこ 〔幼〕〔小〕

「ねこ」になった人は，輪の中に入って，かがんで，目をとじてください。

輪になってかこんでいる人の中から，ねこに知られないように，「ねずみ」を選びます。「ねずみ」になった人が，はじめに「チュウ，チュウ，チュウ」と3度鳴いたら，みんなで手をつないで「ねこ」のまわりを回りながら，

　　ねずみがいるよ　ねずみはどこだ
　　チュウ　チュウ　チュウ

といって3回まわります。この「チュウ，チュウ，チュウ」のところだけは「ねずみ」だけがいうのです。3回まわったら，

　　さあ　ねこさんどうぞ

といってすわり，みんなでかわるがわる「チュウ，チュウ」とねずみの鳴きまねをします。そこで目を開いたねこは，ほかの人の鳴き声にまどわされないで，「ねずみ」を見つけるのです。

コツ

『かごめ，かごめ』の要領で回るのだが，その間にはじめとちがうところから「ねずみ」の声が聞こえるし，またねこが目を開いたら，みんなで交替に鳴き声を出してうろうろさせるところがねらい。短い時間であそぶときに使えばよい。

応用

「ねずみ」と「ねこ」を「ひつじ」と「おおかみ」に変える。

輪になった人が「ひつじがいるよ，ひつじはどこだ，メエメエメエ」「さあ，おおかみさんどうぞ」といって，ねこのところにいるおおかみに呼び掛けると「ひつじとおおかみ」の遊びにもなる。

2　でんでんむし　〔幼〕〔小〕

じゃんけんで鬼を1人決めましょう。

ほかの人は，輪になってすわってください。すぐ立てるようにひざを曲げていてくださいよ。

ここに100円と50円と10円の硬貨が1枚ずつあります。これを輪になった人たちのだれかに別々にわたします。鬼が目をつぶっている間にみんなこぶしを握ってだれが持っているか，わからないようにぐるぐる回しておいてください。回したら，鬼は目をあけて輪のまん中に入ってください。

合図をしたら，みんな，『でんでんむし』の歌をうたいながら，お金を鬼に見つからないように順番に回してください。そして，「お前のあたまは」で，回すのをやめて，「どこにある」自分のこぶしを前につき出してください。つぎに，

「つの出せ」で100円を持っている人

「やり出せ」で50円を持っている人

「あたま出せ」で10円を持っている人

が，それぞれすっと立って「〇〇出せ」ということばが終わるとすぐすわります。鬼は，だれが持っているかをよく考えて，その人が立ったら，すわるまでに，つかまえます。3人のうちだれか1人をつかまえればよいのです。つかまった人は鬼と交代しますよ。さあ，はじめますよ。歌のリズムに合わせてうまく回してくださいね。

コツ

回す物は硬貨でなくとも，色はじき，ダイヤモンド・ゲームの駒など，3色で手の内に入る物であれば何でもよい。

はじめに硬貨を回して，「お前のあたまは」で回すのをやめて，「どこにある」で手を握ったまま振らせ，そこでストップをかけて，硬貨を持っているものにあなたは「つの」だよ，「やり」だよ，と説明して理解させておくこと。リーダーは輪の外にいて，いっしょにまねをしながら指導する。

3 おばあさんの伝達競争

〔全〕

2列に並んでください。ここに並んでいる人たちは、みんなおばあさんです。それぞれの列の一番はしの人が「火事だ！」と、最後の人まで口で伝えていこうと思うのですが、みんな耳が遠いので、なかなかおしまいまで伝わりません。なんとかして早く全部に伝えるようにします。

まず、一番はしの人が、「火事だ！」といいます。2番の人は「なに？」と聞き返します。聞き返されたら、一番はしの人は、もう一度「火事だ！」といいます。2番はこんどは3番に「火事だ！」と伝えますが、3番もやはり「なに？」と聞き返します。2番は聞き返されたらもう一度、1番の人に「なに？」と聞き返します。1番はまた、「火事だ！」といいます。2番は3番に、3番は4番に「火事だ！」と、伝えていきます。4番はまた、「なに？」と聞き返す。「なに？」「なに？」と、また1番までもどってきますから、1番はまた、「火事だ！」といいます。こうして、最後の人が2度目に「火事だ！」と聞いたら、「火事だ、火事だ！」といいながら一番最初の人のところへ走っていって、ポンと肩をたたいてください。早く伝えられた方が勝ちです。

> コツ

すぐに競争しないで、1つの組をモデルにして、ゆっくりと方法を教えておかないと、もとへもどらないでとばしてしまったりして失敗する。2回目に聞いたら次の人に伝えるのだということを強調しておかねばならない。

4　メリーさんのひつじ

〔幼〕
〔小〕

　A君とB君は「ひつじ」になってください。C君は「おおかみ」になって、「ひつじ」をつかまえるのです。

　みなさんは2組に分かれて、手をつないで輪を作りましょう。その輪は「ひつじのお家」ですよ。

　A君のひつじは一方の輪の中に入ります。お家の中にかくれているのです。B君のひつじはもう一方の輪の外側に立ってください。お家の外にいるのですね。

　C君の「おおかみ」は、A君のひつじが入っている輪の外側にいます。

　「1、2の3」で、「おおかみ」は、向こう側の輪の外に出ている「ひつじ」つまりB君を追っかけるのです。

　みんなで「メリーさんのひつじ」の歌をうたいますから、1番をうたい終わったら、すぐ自分のあいている「家」の中へ逃げこんでください。と同時に、家の中にいたA君は家からとび出して逃げるのです。みなさんは「ひつじ」がつかまるまで歌を何回もくり返してうたいましょう。「おおかみ」はがんばって、どちらかの「ひつじ」をつかまえてくださいね。

　つかまった「ひつじ」は、こんどは「おおかみ」になりましょう。「ひつじ」をつかまえたC君は、みんなといっしょに輪を作ってください。新しい「ひつじ」は、みんなの中から選びます。

コツ

　笛があれば、逃げているひつじが輪の中に入るときに「ピッ」と吹いて、その合図で「輪」の中にいるひつじがとび出すように導けばよい。ひつじが出てすぐ入ったりすることのないよう何回以上回ってからと約束してもよい。

準備するなら

　いすを外向きに輪に並べて、みんなをすわらせておき、逃げているひつじがつかまりそうになったら、すわっているだれかに合図して逃げ出させ、そのいすにひつじをすわらせる。おおかみは新しいひつじを追っかける。

5 肩をトントン 〔幼〕〔小〕

　1列の輪を作りましょう。ひざを折ってかがんでください。中腰にならないでしっかりとかかとの上にすわるように曲げるのですよ。そのまま軽くとべますか。では横を向いて前の人の肩に手をあててください。

　手を握ってトントンと肩をたたいてあげましょう。こんどは、くるりと後ろを向いて反対側の人の肩をたたきます。

　それでは、肩たたきの歌などうたいながらリズムに合わせて肩をたたきます。私が「進め」といったら、両足でピョンピョンとびながら、たたいてください。「後ろ」といったら、回れ右をして反対側の人の肩をたたきながら前へ進むのです。歌の終わるまでに、たたくのをやめたり、ひっくり返ったりしたら、その人は列からはなれてもらいます。

コツ

　はじめに、じっとしたまま肩をたたかせることによって間隔をつめておく。最初2、3回は、すぐに失敗して雑然とするから、少しけいこの段階を作って、「うまくなったら、○○の歌をうたってやりましょう」とリードすればよい。

4 輪になってあそぶゲーム

6 クイック・スロー 〔全〕

輪になって行進しましょう。行進している間に，私が，
「クイック，クイック」
といったら，ひざを高くあげて，かけ足をしてください。動作が遅れて，後ろの人のひざでけられた人はダメ。列からはずしますよ。つぎに，
「スロー，スロー」
といったら，ポイポイと後ろ向きにゆっくり歩いてください。早く歩きすぎて，後ろの人にぶつかった人もダメ。列からはずします。
5人くらいの小さな輪になっても，前にも後ろにもぶつからなかったら，その人たちは優秀なのです。「クイック」「スロー」を，取り混ぜて早くいいますから失敗しないように。

(応用)

直線コースに並べて，競走の形でこれをすると，後ろへスローモーションでバックできないものは，それだけ遅れることになって損をするのでおもしろい。この場合は口よりも笛の合図を2通りに分けてやる方がよい。

7　拍手ポンポン

〔全〕

　丸く輪になってすわりましょう。ポンポンと軽く手をたたいてください。ポンポンと軽くたたいたら，鼻でも口でも肩でもよろしいから，上半身のどこかをさわってください。

　私が「拍手」といったら，ポンポンと，手を２つたたいてつぎに，すばやくさわります。同じところを２度つづけてさわった人は負けです。

　つぎに，わたしのまねをしてください。私がさわったのと同じところをさわるのです。

　できたら，こんどは反対に私のさわった部分でないところをさわってください。

（コツ）

　リズミカルにつづけていくこと。テンポが遅いとおもしろくない。

　小人数の輪でなくとも，集会など，すわってやるゲームの形でもできる。そのときは，はじめ肩を交替にたたいて休息するといったことから導入すればよい。

8　交通整理のおまわりさん

〔幼〕〔小〕

　交通整理をしているおまわりさんが，止まれの合図をしています。手を横に広げて足をそろえ，しっかり止まれのゼスチャーをしましょう。つぎは，注意です。両手を頭の上の方で合わせてくるりと向きをかえましょう。向きをかえるだけでなくて，くるくると回ってみてください。進めのときは，こんどは通行人になって歩きましょう。できますね。それでは輪になってください。私が「進め」といったら歩きます。「注意」といったら両手をあげてきりきりと回ってください。「止まれ」といったら足をそろえて手を広げるのです。

　私の合図通りすばやくやれるようになったら，ことばを使わないで，「赤」「青」「黄」と，信号の色でいいますからまちがえないように動作をしてくださいよ。だんだん早くいいますからね。

（応用）

　同じようなゲームに，『リンリン・ブッブー・パッパー』というのがある。「リンリン」は手を前に自転車を動かし，「ブッブー」は自動車のハンドルを回し，「パッパー」は頭の上に手で電車のパンタグラフを作るゼスチャーをする。

5 歌のあるゲーム

1 指ピアノ 〔全〕

　手を開いて，じっと見てください。親指のほかは4本の指がそれぞれ3つの関節で分かれていますね。では，中指の一番上の部分，指紋のあるところを，親指でトンとたたいてください。それが「ド」です。下へいって，まん中が「レ」，一番下が「ミ」，くすり指の一番上は「ファ」，中が「ソ」，下が「ラ」，小指の上が「シ」，中が高い「ド」になります。親指でたたいてみましょう。ドレミファソラシド。

　できましたか。では，メロディーに合わせて親指を動かしてみましょう。

（コツ）

　人差し指と，小指のあと2つの部分，「ド」から「シ」以外のところは高音部と低音部が出てきたときに使う。次ページのピアノのおけいこのときも高音のときは頭の上方，低音のときはあごの下などを応用すること。

51

2 ピアノのおけいこ

〔全〕

　さあ，ピアノのレッスンをはじめましょう。人差し指を出して，それで口をトンと軽くたたいてください。それが「ド」です。2，3回たたいてみましょう。「ドドド」。たたきながらドの音を出してくださいよ。つぎは「レ」です。「レ」は鼻の頭をトンとたたいて「レ」。そして，

　「ミ」は，額

　「ファ」は，右のほほ

　「ソ」は，左のほほ

　「ラ」は，右の耳

　「シ」は，左の耳

　高い「ド」は，頭のてっぺんです。

　はい，まちがえないで，1本指でたたきましょう。「ドレミファソラシド」「ドシラソファミレド」できましたか。こんどは，メロディーの通りにたたいてみますよ。

　ソミミ　ファレレ　ドレミファソソソ

　うまくできるようになったら，ピアノをたたくようにやってみましょう。親指を口へ「ド」，人差し指を鼻へ「レ」，中指を額へ「ミ」，親指で右のほほを「ファ」，というふうに。

コツ

　一般には歌詞は知ってても，楽譜を知っている人は案外少ないから，使う曲はなるべくかんたんな曲にした方がよい。集まっている人によってはテンポの速い曲にしていったり，ピアノの運指と同じように5本の指で音階のそれぞれの部分をたたかせるとよい。

　コツがわかったら「ドレミのうた」でやってみましょう。その場合「さあ，うたいましょう」では，指を顔の前でグルグル回します。

3　ちぎっては なげ

〔全〕

ちぎっては なげ

ごう　けつ　ごう　けつ　ちぎって　なげろ
いわでも　なんでも　ちぎって　なげろ
ちぎって　ちぎって　なくなっちゃった

　昔のごうけつは，すごい力持ちだったんです。岩でも何でも，ちぎってはなげ，ちぎってはなげ……。そんな話があるほどです。

　さあ，みなさんも，ごうけつのような気分で，ちぎってはなげ，ちぎってはなげと，やってみましょう。

　少し足を開きかげんにして，しっかりとふまえます。左手は腰のところへくっつけてしっかり握ります。右手はパッとなげるように大きく開いて，前へいきおいよくつき出します。つぎに，この左手と右手をさっと入れ替えるのです。前につき出して開いた右手を，こんどはぐっと握ってサッと腰のところへ引き，同時に，左手をパッと開いて前につき出すのです。だんだん早くやってみましょう。はいッ，はいッ，はいッ。手がもつれないように。うまくなったら，歌に合わせて，元気にいきおいよくやりましょう。

　　　ごうけつ　ごうけつ　ちぎって　なげろ
　　　岩でも　何でも　ちぎって　なげろ
　　　ちぎって　ちぎって　なくなっちゃった

〔応用〕

　これと反対に，前につき出した手を握り，腰のところに引いた手を開き，この手を入れ替える「前へグー」というゲームがある。どちらもかんたんなようで混乱を引き起こし，笑いの止まらないゲームである。

4 特急走れ

〔全〕

　拍手する組とゼスチャー組に分かれてください。
　拍手側は，はじめに手を大きく開いて，強くパンパンとたたいてください。つぎに，手をややまるめて，十字に組むようにたたくと，ボコボコと鈍い音が出ますね。これを連続してやると，ほら，ボッボッ，シュッシュッ，ボッボッ，シュッシュッと，汽車が走っていくような音が出せますね。
　ゼスチャー組は，腕をひじのところで曲げ，体にすれすれに，そう，マラソンでもするように動かしてください。はじめは大きく，1つ，2つ，つぎは小さく，1つ，2つ。これを拍手組のボッボッとシュッシュッに合わせて，機関車のピストンのように動かしましょう。
　汽車の歌をうたいながら，拍手もゼスチャーも，だんだん早くしていきますよ。汽車が止まったらピタリと止めてくださいよ。

コツ

　小さな拍手のときの手はややまるめてたたくこと。そうすると，中に空気がこもってボソボソと鈍い音が出る。リーダーは，両手を走るときのように大きく小さく振ると，機関車のゼスチャーになって皆の拍手の調子がよくなる。

5 もしもしかめよ

〔全〕

「うさぎとかめ」の歌を元気よくうたいましょう。うたうだけではおもしろくないから、手もいっしょに動かしましょう。

① 手をポンと打って、左手で左の耳をつかみます。つぎに手をポンと打って右手で右の耳をつかんでください。「もし、もし、かめよ、かめさんよ」と2回。

② こんどは、手をたたいて、両手で両耳をつかみます。これを「世界のうちで」と2回くり返しますね。

③ 「おまえほど」で、手をたたいて、左手で左の人を、また、手をたたいて、右手で右の人を指さしてください。

④ 「あゆみの」で、手をたたいて、左手で左の耳、右手で鼻をつかみます。「のろい」で、手をポン、右手で右の耳、左手で鼻、「ものは」「ない」と2回くり返し。

⑤ 「どうして」で、ポンと手を打って、左手で右の耳、右手で鼻をつかみます。手は前で交差していますね。「そんなに」で、入れ替えます。ポンと手を打って、右手で左の耳、左手で鼻をつかみます。これをもう1度くり返しましょう。「のろいのか」と。

手がよく動きますか。では、はじめから歌に合わせてやりましょう。

コツ

手でつかむ動作の1つひとつを、前もってやらせてみて、ゆっくり歌に合わせながら途中までやってみる。ただし、おしまいの手を交差する動作だけは、それまでのところをスムーズにおさらいしてから、ポッと出した方が笑いが出て効果がある。

6　お隣りさん，こんにちは

〔全〕

　ポンと手を打って，右手で右隣りの人の肩を軽くたたきます。つぎにポンと手を打って左手で左隣りの人の肩をたたきます。2回くり返して，こんどは，ポンと手を打ったら，右手で左隣りの人の肩を，またポンと手を打って左手で右隣りの人の肩をたたきます。2回くり返したら，つぎに手を打って同時に右手で右の人の手を，左手で左の人の手を，お互いに手のひらを合わすようにたたきます。2回くり返して，おしまいにポンと手を打ったら，左手で右の人の手を，右手で左の人の手を同時にたたきます。思いきって手をのばさないと，手と手が合いませんよ。また，あんまりいきおいよくのばすと，自分の首をしめてしまいますから気をつけてください。では，つぎの歌に合わせてやりましょう。

　　おとなりさん
　　おとなりさん
　　こんにちは　こんにちは
　　ごきげんさん　ごきげんさん

（コツ）

　隣り同士の間隔をうんとせばめておくこと。そうしないと，手をクロスして両方の手をたたくとき届かない。首をしめたかっこうになってしまいながらもようやく届くところにおもしろみがあるのだから。

お隣りさん　こんにちは

おとなりさーんおとなりさん
こんにちはーこんにちは
ごきげんさーんごきげんさん

5 歌のあるゲーム

7　ねんねんころり

〔全〕

　右の手を頭の後ろから回して，左の耳をなでてください。左の耳は，かわいい赤ん坊なのです。ねんねんころりよ……と子守歌を歌いながら，ゆっくりなでてあげましょう。

　左の手は，おんぶしているように回してください。人差し指が背骨にあたるようにしっかり後ろへ回すのですよ。

　それでは，みなさんを2組に分けます。まん中から左が赤組，右が白組です。左のはしの人と右のはしの人の左手の上にマッチ箱をのせますから，できるだけ早く，隣りの人の左手にわたしてください。つぎつぎにわたして，早くおしまいの人にわたった方が勝ちです。手のひらは子どもをおんぶしているのですから，開いたまま背中からはなしたらダメ。また，右手をマッチ箱にふれてはいけません。右の手はゆっくりと左の耳をなでているのですよ。

(コツ)

歌をはっきりゆっくりうたわせること。左手がいそいでも右手がスローなのでバランスがくずれるところがねらい。バトンはマッチ箱でなくとも小さな人形，小石など，手近にある物を使えばよい。

8　ニックネーム歌合戦

〔全〕

歌合戦をはじめましょう。みなさんを赤，白の2組に分けます。

赤組と白組の代表はジャンケンして，どちらが先にうたうか決めてください。

赤組が先と決まったら，白組の人全員で，
「さあ，赤さんどうぞ！」
といいます。赤組はその声が終わるとすぐ何でもよいから，知っている歌をうたいます。

1番だけうたったら，
「さあ，白さんどうぞ！」
といって，バトンを白組にわたします。

白組は，赤組のうたっている間に，自分の組の合唱する歌を決めておいて，すぐうたい出さねばなりません。

こうして，赤，白，赤，白と交替にうたっていきますが，

① 歌が出てこないでモタモタしたり
② みんな，てんでにちがう歌をうたったり
③ 相手でも，自分の組でも，1度うたった歌をうたい出したりしたら

負けです。

コツ

リーダーは，相手の組がうたっている間に，自分の組の人たちにつぎの歌の名を出してもらったり，それをみんなにささやいて回るのにすばやく動き回らねばならない。そして，相手がうたい終わると同時に楽しいゼスチャーでタクトをとって明るくうたうとよい。

5　歌のあるゲーム

リーダーは，相手がうたっている間にうまく，みんなの意見をまとめて，すぐうたえるように自分の組をリードしていかねばなりません。

さて，みんな，じょうずにうたって引き分けになったら，こんどは，ニックネームをつけましょう。

たとえばきつね組，うさぎ組というように。

そして，きつね組は「う」と「さ」と「ぎ」ではじまる歌をうたいます。

うさぎ組は，相手の「き」と「つ」と「ね」ではじまる歌をうたうのです。

「う」──うみはひろいなおおきいな……

「さ」──さくらさくら……

「ぎ」──ぎんぎんぎらぎら……

「き」──きしゃきしゃシュッポシュッポ……

「つ」──つきのさばくをはるばると……

「ね」──ねんねんねむのき……

と，いうように，相手のニックネームの1つひとつがはじめに出てくる歌をうたいます。

> **準備するなら**
>
> 模造紙か半紙を用意して，マジックインキで，両チームのニックネームを大きく横書きにしておくとわかりよい。あらかじめ司会者が同じ字数のニックネームでいくつかを作ってカードに書き，代表に選ばせてもよい。

9　わたしのおてては なにになる

〔幼〕

　小さいみなさん。自分の手をじっと見てください。その手がいろんな物になりますよ。

① ぐっと握って，顔のそばで，ぐるぐる回してごらん。そら，「ねこ」の手になりました。

② 1つ，2つと，指をのばしてごらん。チョッキン，チョッキンと切ってみましょう。

③ パッと元気よく開いて，上にあげ，くるくると動かしてみましょう。それは何ですか。お星さまですね。

では，「わたしのおてては なになる」の歌をうたいながらあそびましょう。

「わたしのおててはなになる」で，手をポンとたた

コツ

　ジャンケンあそびになれない幼児に使うとよい。こぶしの「グー」「チョキ」「パー」をしっかりと形作らせるとともに，「ねこ」「かに」「ほし」の物まねあそびのポーズもたのしく導くこと。いちばんおしまいの「開いてパー……」の節でジャンケンのこぶしを力強く作らせ，つづいてジャンケンあそびに導いていくとよい。

わたしのおてては　なになる

1. わたしの おてては なに に なる
　ぐーっと にぎって ねこの て さ よ
　ぐる ぐる ぐる ぐる ねこ の て さ よ

2. わたしの おおてては なに に な る
　ひーとつ ふたつ ひらいて おほしさ よ
　チョキ チョキ チョキ チョキ ねこ の て さ よ

3. わたしの おおてては なに に な る
　ぱーっと ひらいて おほしさま
　ぐるぐる ぐるぐる ほし の み だ よ

5　歌のあるゲーム

1　わたしのおてては　なにになる
　　ぐーっと握って　ねこの手よ
　　ぐるぐる　ぐるぐる　ねこの手よ

2　わたしのおてては　なにになる
　　ひいとつ　ふたつで　はさみだよ
　　チョッキン　チョッキン　はさみだよ

3　わたしのおてては　なにになる
　　ぱーっと開いて　お星さま
　　きらきら　きらきら　お星さま

4　開いて　パー
　　握って　グー
　　ひいとつ　ふたつで　はさみだよ

　いて，手を開き，うら，表をよく見せてください。
　1番の「ぐっと握って」で，片手ずつ，握ってつき出します。両手を耳の前へ持ってきて，ねこの手を作り，「ぐるぐる，ぐるぐるねこの手よ」と右左に体をゆすりましょう。
　2番の「ひいとつ」で，両手をぐっとつき出して人差し指，「ふたつ」で，中指もいっしょにのばしてください。そのまま，かにのはさみのように頭の横に持ってきて，「はさみだよ」と，2本の指をとじたり，開いたりしながら，体を動かして，「チョッキン，チョッキン」と，やりましょう。
　3番の「ぱーっと開いて」では，片手ずつ開いて，上にのばしてください。
　4番の「開いて，パー」──両手を元気よくつき出して開きます。
　「握って，グー」──舟をこぐように，ぐいと握って引き寄せます。
　「ひいとつふたつではさみだよ」──両手を眼の前で，人差し指，中指の順にのばし，両方のはさみを，お互いにはさみ合わせてからませ，1，2，3と引っぱってください。

6 お話のあるゲーム

1 動物の音楽隊 〔幼〕〔小〕

　ブレーメンの音楽隊は，犬，猫，ろば，にわとり，でしたね。これからお話するのは，うさぎとろばとぶたとたぬきの音楽隊です。
　笛のたいへんじょうずなうさぎさんがいました。このうさぎは，いつもお山の岩にこしかけて，横笛をピーピーピーと吹くのです。ある日，いつものように笛を吹いていると，ぶたのトンちゃんがやってきました。
　「やあ，たのしそうだな。ぼくといっしょに，音楽をやらないかい」
　「音楽って，トンちゃん，何か鳴らせるのかい」
　「やれるとも。ぼくのトランペットは，たいしたもんだぜ」
　こういって，トランペットを鳴らしました。ブッブーブブー，ブッブーブブー。
　「よし，じゃあ，2人でやろう」
　と，いっているところへ，ろばくんがやってきました。

(コツ)
　お話のあとで，登場した動物とその楽器を思い出させ，その1つひとつについて，楽器を鳴らすゼスチャーとともに音をけいこしておく。とくに子どものよろこぶところは，トロンボーンののびたりちぢんだりするところだから，この音は思いきって高くすること。

6 お話のあるゲーム

「やあ，何やっているんだい」
「音楽だよ」
「いいな，ぼくも仲間に入れてよ」
「ろばくん，何かやれるの」
「ぼくは，トロンボーンだよ」
といって，トロンボーンをななめ上にかまえて，ターラ，ターラと，のばしたりちぢめたりしました。
「うまい，うまい。じゃ，3人で楽隊を作ろうよ」
3人が，横笛，トランペット，トロンボーンを持って練習をはじめようとしていると，
「おーい，ぼくも入れてよ」
「なんだ，たぬきくんか。きみは楽器を持っていないじゃないか」
「いいや，ここにあるよ。ほら」
といって，大きなおなかをつき出したかと思うと，ドン，ドン，ドン。
「やあ，すばらしいドラムだね」
たぬきを仲間に入れて4人の音楽隊ができました。
うさぎは，何でしたか。そう，横笛ですね。みなさんもやってみましょうか。口の横の方に手をかまえて。はい，ピーピーピー。
ぶたは，トランペットでしたね。口の前でラッパを作って。はい，ブッブーブブー。
ろばは，トロンボーン。ななめ上に，右手を引いたりのばしたりして，ターラ，ターラ。たぬきのドラムは，おなかを出してドン，ドン，ドン。
さあ，いっしょに音楽隊をやりましょう。
楽器を鳴らすゼスチャーをまちがえないように。
ピーピーピー，ブッブーブブー，ターラ，ターラ，ドン，ドン，ドン。
だんだん速くやりますよ。手がうろうろしないように……。うまくやれたらメロディーをつけてやってみましょうね。

応用

かんたんなマーチのメロディーを，これに合わせていくとおもしろい。話が終わって室外に出るとき行進をしながら楽隊あそびをすればよい。
「ゆかいな鼓笛隊」に，つづけていくと，調子よくのってくる。

ピーピーピー

ブッブーブブー

ターラ・ターラ

ドン・ドン・ドン

2　赤ずきんちゃん　〔小〕

　赤ずきんちゃんは，ベッドの上にねているのが，おおかみだとも知らずに話しかけました。
　「おばあさん，おばあさん。おばあさんのお耳，どうしてそんなに大きいの？」
　「おばあさん，おばあさん。おばあさんのお口，どうしてそんなに大きいの？」
　「お前をたべるためだよっ」
　って，おおかみはわっと赤ずきんちゃんにとびかかりましたね。
　うさぎだったら，どうこたえるでしょう。
　「うさぎさん，うさぎさん。あなたのおめめ，どうしてそんなに赤いの？」
　「おかあさんがいないので，毎日泣いていたからよ」
　って，こたえるかもしれませんね。
　みなさんだったら，どうこたえますか？
　これから，私があなたたちのだれかを指さして，たずねますから，早くこたえてくださいよ。
　「〇〇さん，〇〇さん。あなたのお口，どうしてそんなに大きいの？」
　「大きなあくびができるようにさ」
　「△△さん，△△さん。あなたのほっぺ，どうしてそんなに赤いの？」
　「横からきた自動車がストップするようにさ」
　うまい，うまい。さあ，どんどんたずねますよ。うまく理由をいってくださいね。ぐずぐずしたり，もがもがいってる人は負けですよ。

（応用）
　幼児なら，目，口を「どうしてそんなに大きいの？」といったら小さくする，「どうしてそんなに小さいの」といったら大きくあける，というふうに反対の動きをするゲームをする。「大きいといわれたのであわてて小さくしちゃったのよ」という話にすればよい。

6　お話のあるゲーム

3　ドンブラコッコ，ポッカリコ　〔幼〕〔小〕

　昔むかし，あるところに，おじいさんと，おばあさんがおりました。おじいさんは山へしばかりに，おばあさんは川へせんたくにいきました。おばあさんがせんたくをしていると，川の向こうから，大きな桃がドンブラコ，ドンブラコと流れてきました。

　なに？　桃太郎の話なんか知ってるって。ところがちょっとちがうのです。大きな桃の後から，小さな桃がポッカリコ，ポッカリコと流れてきたんです。

　大きな桃は，腕でかかえきれないほど大きいんです。ほら，このくらい，小さな桃は手の中に入るくらい。ほら，これくらいです。

　みなさんで，大きな桃を作ってみましょう。そら，ドンブラコ。こんどは，小さな桃です。ほら，ポッカリコ。

　まちがえないように作ってくださいよ。ドンブラコッコ，ポッカリコ。ポッカリコッコ，ドンブラコ。

　はい，こんどは，私がドンブラコといったら小さな桃，ポッカリコといったら，大きな桃を作ってください。

　ドンブラコ，あれ，小さい桃ですよ。

　つぎに，私が「大きな桃が」といったら，ポッカリコといって小さな桃を，「小さな桃が」といったら，ドンブラコと大きな声でいいながら，大きな桃を作ってください。私のいう反対をするのです。だんだん速くいいますから，まちがえないように。

〔応用〕

　ドッジボールがあれば，腕を組んでその上にのせ，ドンブラコッコ，ポッカリコといいながら，隣りの人の組んだ腕の上に移動させていく。または，2列に向かい合って並び，両手をつないで，その上をボールをおとさないでつぎつぎに移動させていくゲームもできる。

ドンブラコッコ

ポッカリコ

4 虹のかなたに 〔幼〕〔小〕

　ひよこのピヨくんは、じっと空を見つめていました。
　「すずめも、ひばりも、みんな空高くとんでいるのに、どうしてぼくたちはとべないのかしら」
　って、そして神さまに、おねがいしました。
　「神さま、どうか、ぼくを空へつれてってください」
　あるとき、夢の中に神さまが出てきてピヨくんにいいました。
　「ピヨくん、雨のやんだとき、虹の橋ができる。その虹の橋をわたれば空へのぼれるよ。しかし虹には7つの色がある。赤、だいだい、黄、緑、青、あい、紫。この7つのどれを見おとしても、虹の橋は、おっこちてしまうんだ。この7つの色をよくわすれないでいるんだよ」
　といって消えてしまいました。
　それからピヨくんは、7つの色をわすれないように、いっしょうけんめい。
　「赤はポストの色だな。黄はレモンだな。緑は草だな」
　って、物の色で7つを覚えていました。さて、うまく雨のふった後で、この7つを見つけられるでしょうか。
　さあ、みなさんも、7つの色を物で覚えてみましょう。
　これから1分の間に、赤い物、緑の物など、7つの色の物の名前をさがして、覚えた人は手をあげてください。
　うまく7つの色の物を早くいえた人が勝ちです。その人は天にのぼれるピヨくんとして、みんなでおいわいの拍手をしてあげましょう。

応用

　のり物の中などで、虹の7色の順序──赤、だいだい、黄、緑、青、あい、紫──の話から、7色の順に、つぎの色の物を見つけるゲームをする。赤い屋根を見つけたら「赤」、つぎにみかんの木があったら、「だいだい」というように指さしていう。つぎの駅までに見つからなかったら罰などとルールを決めるとおもしろい。

5　お話リレー

〔大〕

　赤と白から3人ずつ、お話の選手を出してください。
　この3人は「お話の作家」ですから、これから、すぐお話を作ってもらうことにします。
　赤からはじめますから、白の3人は問題を出してください。問題は、「動物」から1つ、「植物」から1つ、「鉱物」から1つ、合わせて3つ出すのです。たとえば、
「動物」——くま、毛皮、車掌、牛肉、くじら、など。加工品でもよろしい。
「植物」——さくら、机、本、タバコなど。
「鉱物」——鉄、水、空気、東京タワー、アラジンのランプなど特定の物でもよいのです。
　3人は、これを1つずつ話の中に入れて、しかも3人での話ができあがるようにします。「いぬ」「さくら」「こばん」と3つ出てきたら、これは「はなさかじいさん」のお話になりますね。こんな、よくある話になりそうな問題を出すとかんたんに点をとられますよ。
　相手のこまるような、3つの問題を選んで、お話を作らせてください。
　お話は1人1分です。1分になったら「はい、つぎ」といいます。3人目がうまくまとめなかったら負けですよ。

(応用)
　A、B2組のお話作りの人が向かい合わせに並んで、AはAの話、BはBの話を作るのだが、Aの1番の話がすむと、Bの1番が話すというふうに交互に話していく。相手の組の話につられて、自分の組の話が混ぜっかえされたりしたら負け——「ミックス・テイル」というゲーム。

7 ダンシング・ゲーム

1 さかみち のぼろ

〔全〕

　左足を「トーン」と前へ出してください。つぎに，後ろへ「トーン」と出します。つづいて，前・後ろ・前と，つづけて早く「トントントン」と動かします。そこで「トン」と1つ休んで，こんどは右足を同じように前へ後ろへ，前・後ろ・前，「トーン」「トーン」「トントントン」と動かします。

　少しずつ，前へ歩くことになりますね。手は，足と反対に，かけ足のように自然に振ってください。

　左足から，「1と2と3，4，5」。6で休んで，右足も同じように，「前へ，後ろへ，前・後ろ・前」。

　動きがわかったら，「さかみちのぼろ」の歌に合わせて，動いてみましょう。

（コツ）

　左足がすんで，右足を前に出すときの動きがうまくいかずに，まごつく人がいるはず。ここをうまくやれると，あとはかんたんだから，歌がひと通り終わったころからテンポをしだいに速くして，終わったら，ぐったりとすわりこんでしまうくらいにするとよい。

7　ダンシング・ゲーム

1　さかみち　のぼろうよ
　　さかみち　のぼろうよ
　　げんきに　のぼろよ
　　げんきに　1，2の3

2　さかみち　つづく
　　さかみち　つづく
　　まけずに　のぼろよ
　　がんばれ　1，2の3

3　さかみち　たのしいな
　　うたって　たのしいな
　　ことりも　うたうよ
　　あかるく　ランラランララン

4　みんなで　のぼろうよ
　　うたって　のぼろうよ
　　あしなみ　そろえて
　　のぼろよ　ランラランララン

　覚えたら，輪になって踊りながら歩きましょう。
　体は，前かがみでも，後ろにそっても，ななめに振っても自由ですが，歌をあかるく口ずさみ，ニコニコとたのしく，軽いリズムにのって回りましょう。

さかみち　のぼろ

1. さかみち　のぼろうよ　さかみち　のぼろうよ
2. さかみち　つづく　さかみち　つづく
3. さかみち　たのしいな　うたって　たのしいな
4. みんなで　のぼろうよ　うたって　のぼろうよ

げんきに　のぼろよ　げんきがあの　いちにのさん
まけずに　のぼろよ　がんばれ　いちにのさん
ことりも　うたうよ　あかるく　ランラ　ランラ　ラン
あしなみ　そろえて　のぼろよ　ランラ　ランラ　ラン

2　サッカー・ダンス　〔全〕

　サッカーをやりながらおどっていきましょう。たてに1列に並んでください。

① はじめに，キックです。左足から，ボールをけるように，ななめ前にポンと1つけってください。つづいて右足をポン。そして，1，2，3，4と前へ軽く走ります。

② つぎは，パスです。左足の内側で，ボールを右にけるようにポンと1つ，つづいて右足を内側にポン，そして，1，2，3，4と後退します。

③ こんどは，ヘッディングです。頭を曲げて，おちてくるボールを上へはねかえすようにボーン，ボーンと2回頭をつきあげます。

④ つづいて，1，2，3，4と前進して，左足を横に出して手を広げゴールキーパーのかまえをします。つづいて右足を横に出して同じようにします。

　これを音楽の終わるまで，何回でも，くり返します。歌をたのしく口ずさみながら，列を作って回りましょう。

（コツ）

　図の①はキック，②はパス，③はヘッド，④はゴールキーパーのかまえである。

　キックから走るとき，パスから走るときのタイミングをうまくすること。いつも軽く体をリズムにのせているとよい。最もむずかしいのは「パス」。ここでまごつく人がいるはず。

7 ダンシング・ゲーム

サッカー・ダンス

キック　キック　ランランラン
パス　パス　バックバックバック
ヘッド　ヘッド　ランランランラン
サッカーで　おどろ
サッカーで　おどろよ
元気に　おどろ
勝つまで　おどろよ
ファイトで　いこう
キック　キック　ランランラン
パス　パス　バックバックバック
ヘッド　ヘッド　ランランランラン
サッカーで　おどろ

3　船頭さん　〔全〕

　足をそろえて立ち，両手を胸の前で握ってそろえます。あなたは船頭さんですよ。これから，しっかりろをこいでもらいます。はじめに大きくこぎましょう。手を舟をこぐように下から胸の前へ大きく回しながらつき出して，同時に，右足を前へ出し左足を動かして重心を前へかけ，つづいて，手を前から胸もとへぐっとこぎよせるようにしながら，左足を引いて右足をうかせ，重心を左足にかけます。

　これを，くり返すと，大きく舟をこぐことになります。そして，右足を出すとき，左足を引くときに，足の位置を少しずつ横に置くと，舟をこぎながら進んでいけます。

　こんどは小さくこぎます。足のかかとをそろえたら，足先を90度に開きます。そして，左足はかかと，右足はつま先を中心にして右の方へ両足をきゅっとひねります。つづいて右足はかかと，左足はつま先を中心にして，右の方へ両足をきゅっとひねると，体が右へ動いて，足はまたもとの90度開いた形にもどります。これを連続していくとじっと立った姿のまま，体は右へ右へと進みます。これにろを持った手を小さく回して合わせていくと，静かに，小さく舟をこいでいく姿になります。

7 ダンシング・ゲーム

　大波をこぐときは元気よく大きくこいで，小波をこぐときは静かに小さくこいで，右へ右へと進んでいきましょう。
　練習ができたら，歌に合わせてこぎますよ。

　　おおなみ　ザンブリコ
　　こなみは　チャップリコ
　　うんと　　こげこげ
　　それそれ　ギッチラコ
　　そっと　　こげこげ
　　スイスイ　スーイスイ
　　おおきく　ギッチラコ
　　ちいさく　スイスイスイ

　　（曲なしで）
　　おおきななみなら　うんとこげ
　　ギッチラギッチラ　ギッチラコ
　　ちいさななみなら　そっとこげ
　　スーイスイ　スイスイスイ

船頭さん

おおなみ　ザンブリコ　こなみは　チャップリコ
うんと　こげこげ　それそれ　ギッチラコ
そっと　こげこげ　スイスイ　スーイスイ
おおきく　ギッチラコ　ちいさく　スイスイスイ

4　かかしのダンス 〔全〕

　かかしは1本足です。1本足で立ちながらダンスをやりましょう。

　右足で立って，左足を振り，このようにポンと前へけってもとへもどします。左足がもどってきたら左足が地面につくと同時に，右足をまた振り，このように横にポンとけってもとへもどします。右足がもどってきたら，右足がつくと同時に，左足を後ろへポン……。このように，いつも地面についているのは片足だけ。あとの足は，前後左右どちらかに振っていなければなりません。また，もどってきた足と，同じ方向に足を出してはいけません。

　リズムに合わせて，1，2，3，4とおどってみましょう。もちろん，いくらおどっても，立っている足はいつも同じところにあるのですから，体の位置が移動してはいけません。

　できたら，手を横にのばしてください。

　それでは，「山田のかかし」の歌に合わせておどりましょう。

8 頭を使うゲーム

1 ことばつなぎ 〔小〕

　雲が見えますね。雲はどんなにしていますか。ふわふわと，ういているようですね。
① 雲が
② ふわふわ
③ ういている
　3人でひとことずつ，いって文をつないでください。こんどは，
① 汽車が，といったら，
② シュッポ，とつづけ，
③ 走ってる，とつなぎます。
　このように，①の人がいったことを，②と③の人が，うまくことばをつけて，①②③で，「○が，どんなに，○してる」と，短い文にします。長ったらしく，だらだらとした文になったり，口をもごもごさせて，はっきりいわなかったり，しばらく止まってしまったら負けですよ。口を動かして，口の体操をしてからはじめましょう。

コツ

　平凡な文になるとおもしろくないから，リーダーは，はじめの例にふき出したくなるような文をあげること。ことばの1つをリーダーが指定して困らせたり，流行語などを取り入れて頭をひねらすのも1つの方法である。

2 かくれんぼ討論会 〔小〕〔中〕

　ひつじの赤ちゃんがうまれました。かわいい，かわいい赤ちゃんです。さて，おかあさんがるすの間におおかみがくるといけないので，この赤ん坊をどこかへかくしたいのです。みなさんで，一番よいかくし場所を考えてください。

　まず，A組，B組，C組の3つに分かれましょう。A組とB組は，相手の組にきこえないように相談して，どこへかくすかを決めてください。決まったら，もとの席にすわってください。

　C組のみなさんは審査員ですから，私のそばに1列に並んでください。

　では，これから「かくれんぼ討論会」をはじめます。A組もB組もかくした場所をいってください。つぎに，なぜそこへかくしたか，それぞれの代表に発表していただきましょう。発表がすんだら，お互いに，自分の組のかくし場所が相手のよりもすぐれているということをのべてください。意見をいう人は必ず手をあげてくださいよ。C組のみなさんは審査員ですから，よくきいていて，あとで，どちらがよいか，手をあげて決めます。C組さんの中で手をあげる人が多い組が勝ちです。

　すんだら，負けた組とC組と交替します。そして，かくす物をかえてやってみましょう。

コツ

　審査員にユーモラスな人たちを選んで，判定のことばに，やわらかな雰囲気を作れるものにしたい。リーダーは，間が抜けないように，つぎつぎに討論のことばが出るよう，そしてことばが入り乱れたりせぬよう注意する。

8 頭を使うゲーム

3 見えるか，見えないか
〔全〕

　空が見えますか？　といっても，地下鉄にのっていたのでは見えませんね。自分の顔は見えないと思っても，鏡の前にいるのなら見えるでしょう。自分のいる場所によって見える物と見えない物がありますね。私が「○○にいます」っていいますから，自分のいる場所をしっかり覚えてください。そして，私がそこから見える物の名前をいったら，サッと手をあげて，「見える，見える」と早くいってください。もし見えない物だったら，手を横に振って「だめ，だめ」というのです。1度，おけいこしてみましょう。

　みなさんはいま，新幹線「ひかり」号にのっています。

　「山」（見える，見える）

　「家」（見える，見える）

　「ねずみ」（見える，見える）

　あれ？　ひかり号にねずみがいましたか。

　「川」（見える，見える）

　「線路」（だめ，だめ）

　いや，隣りの線路は見えますよ。窓ぎわにいないって。ああそうですか。

　じゃ，こんどは，いる場所をかえてやってみましょう。

コツ

　はじめはゆっくりと，頭が働いてくるようになったらテンポを速めて，じっくり考える余裕を与えないこと。条件をうっかりきいていると，とんでもない物が見えるという答えが出てくるような，混乱する物を差しはさむとよい。

4 もしもし，はいはい

〔大〕

　おとなの電話ごっこをしましょう。電話をかける人がはじめに「もしもし」っていいます。聞く方の人は「はいはい」と答えます。そのつぎからは，かけている人は何をいってもかまいませんが，聞く方の人は，必ず，つぎのことばをつぎの順に答えねばなりません。
　① 「はい，そうです」
　② 「いいえ，ちがいます」
　③ 「はい，わかりました」
　④ 「いいえ，だめです」
　⑤ 「はい，そういたします」
　⑥ 「いいえ，けっこうです」
　⑦ 「どうぞよろしく」
　電話をかける人は，この返事にうまく合うようにことばを作って話しかけてください。うまく話がつながったら拍手してあげます。1つ，やってみましょうか？

8 頭を使うゲーム

「もしもし」
「はいはい」
「山田さんですか？」
① 「はい，そうです」
「あすはお仕事のある日ですか？」
② 「いいえ，ちがいます」
「では，おひるごろあそびにきてください」
③ 「はい，わかりました」
「あなた，車の運転ができますか」
④ 「いいえ，だめです」
「では，タクシーできてください」
⑤ 「はい，そういたします」
「こちらからお迎えにいきましょうか？」
⑥ 「いいえ，けっこうです」
「では，あす，おまちしています」
⑦ 「どうぞよろしく」
　うまく，やれましたね。とんちんかんになってもおもしろいと思いますよ。

(応用)

　なれてきたら返事の方を「はい」「いいえ」だけでなく，「それは，それは」とか，「お世話になりまして」など，聞いている方が笑い出す会話を作るような要素のあることばを順序よく返事する人に指定すればよい。

5 その人はだれ？

〔大〕

　問題を出す人は，1人ずつ前へ出てください。

　そして，頭の中で，みんなの知っている人の名前を1人考えてください。その人が決まったらはじめに，

　① いつ
　② どこで
　③ 何をしたか

を，かんたんにいってください。

　出題した人の説明をきいたら，①②③について，1分ずつ質問時間がありますから，どなたからでも質問してください。質問をきいてわかった人は，すぐ，「ズバリ」といって，手をあげてください。早くズバリとその人の名前をいった人が勝ちです。質問の途中でも，わかったら手をあげてよいのです。

コツ

　べつに，歴史上の人物や，有名人でなくともよい。最近のテレビや本に登場する人物でも，あるいは，すぐ目の前にいる人を問題に出してもよい。プラカードがあったら，解答者以外のものに見せておくとおもしろい。

6 　右と思えばまた左

〔全〕

　正夫くんは土手の上を歩いています。左は川，右はたんぼです。川に舟がうかんでいます。たんぼにはお百姓さんがいます。空に飛行機がとんでいます。おっと石につまずきそうです。道のまん中に穴があいています。後ろから自転車がきて追い越していきました。お百姓さんが声をかけました。自転車が止まりました。川のさかながはねました。空に雲がふわりふわり。

　今のお話をかんたんに早くいいますから，その方向へ顔を向けてください。たとえば飛行機といったら上を向き，川に舟といったら左を見るのです。さあ，遅れないように，左は川，右はたんぼ。川に舟で，お百姓。飛行機ブンブン，おっと石。穴。後ろに自転車，追い越した。お百姓が声かけて，自転車止まる。川のさかなと空の雲……。

　目をまわした人はいませんか。

コツ

　リーダーはあらかじめ，条件として出す場所をいくつか用意しておくこと。みんなの首や目が，速いテンポで動くように，勘のにぶいものはうろうろするくらいに導いていかないと盛り上がらない。

7　手に入れたい理由　〔大〕

　だれでもよいから，紙きれに自分の考えた品物を1つだけ書いてください。動物でも，怪獣でも，デパートに売っている物でも，乗り物でも，何でもいいのです。

　書いたら，手の中にしっかりかくして，握りこぶしをあげてください。

　さあ，あの手の中にある品物を，みなさんに買ってもらいますが，

　「どうして，この品物が手に入れたかったか？」

と，いってもらいます。

　買う人は，

　「○○に使います」

と，使いみちをいってください。

　使いみちを聞いたら，紙を持っている人は，手を広げて，その紙に書いてある品物をよんでください。そして，

　「どうして，これを○○に使うのですか？」

と，聞くのです。

　買った人は，それが自分の思っていた物と，まるっきりちがった物であっても，なんとかうまく「理由」をつけて，はじめにいった「使いみち」に，うまくあてはまるように説明します。1分の間に答えられなかったらだめですよ。

　3人くらい，いっしょに買ってもらいます。この3人のうち，だれが一番「つじつまの合う」買い方をするでしょうか。

準備するなら

　テーブルの上に品物をのせて，ふろしきなどでかくしておくか，絵をかいたカードを解答者以外の人にだけ見せて，解答者がそれを見た人たちの反応を見て，勘ぐりながら答えるようにするとたのしい。

8 忍者のとんち 〔全〕

みんな忍者になりましょう。

この紙のうらに品物の絵がかいてあります。これが何だかわからないのですが、とにかくこの品物が悪者からねらわれているので、かくしたいのです。さて忍者のみなさん、この絵を見ないで、かくし場所を見つけてください。

見つかりましたか。はい、それでは、こちらから順に発表してください。発表が終わったら、品物を見せますよ。

品物は、○○でした。

とんでもないところにかくしたと思ったり、とてもかくせないところにかくした人がいますね。それでも、そこへかくすのが一番いい方法であるという理由を、なんとかして説明してください。

はい、こちらからどうぞ！

> **コツ**
>
> かくれんぼ討論会によくにた調子でやるのだが、リーダーは、時代風な物語を交えて、ことばつきもチョンマゲ時代を思わせるおかしさを加えると興味がわいてくる。チームの名も○○流などとつけるとよい。

9 君の名は

〔全〕

　輪になってすわりましょう。これから自己紹介をしていただきます。
　こちらのはしから,
「私,山田。あなたは？」
と,自分の名前をいって,つづいて隣りの人に聞いてください。
　隣りの人も,同じように,つぎの人に,
「私,吉岡。あなたは？」
と,いうふうに聞いていきます。
　その間に,みんな,ほかの人の名を覚えてください。
　覚えきれなくとも,自分の両隣りの人の名前は,ぜったいに忘れてはいけません。
　はじめに,
　① お隣りさんを呼ぶゲーム
をします。
　輪のまん中から左組と右組とに分かれましょう。
　まん中の2人からはじまって,左組は左隣りの人を,右組は右隣りの人を,「○○さん」と呼びます。呼ばれたら,
「はい」
と,返事をして,こんどはつぎの隣りの人に,

(応用)

　初対面の人が多いような集会で,お互いの名前を覚えるときに使えばよい。自分の名前を紹介するのに,姓と名の頭文字を物の名前でいう。たとえば「吉岡とも子をヨモギとトンビ」といったゲームがある。

「△△さん」
「はい，□□さん」
と，順に呼んでいきます。こちらのはしまできたら，はしの人は，
「はい，××さん」
と，いま，自分を呼んだ人の名前を呼んで，逆に，もときた方へ，送り返します。一番はじめの人にもどってきて，名前を呼ばれたら，その人は，
「はい，終わりです」
と，いいます。早くもとへもどってきた方が勝ちです。
　つづいて，
　　② たしかめゲーム
をしましょう。
　①のように，はじめの人は，
「○○さん」
と，隣りの人を呼びます。つぎの人は，
「はい，××さん」
と，呼んだ人の名前を呼び返します。呼び返された，はじめの人は，もう1度，
「はい，○○さん」
と，同じ名前を呼びます。
　2回目を呼ばれたら，こんどは，
「はい，△△さん」
と，つぎの人を呼びます。
　3番の人も，同じように，自分を呼んだ2番の人の名前を呼び返し，2番の人は，もう1度3番の人の名前を呼び，3番は2回目を呼ばれたら，4番を呼ぶというように，つぎつぎに送って，おしまいの人まで早く呼んでしまったら勝ちです。
　どちらの組も早くいくようになったら，席を入れ替わってやってみましょう。

②たしかめゲーム

9 2人だけのゲーム

1 へびの頭をふんづけろ 〔幼〕〔小〕

2人で向かい合って立ってください。そして、お互いに相手の腕をしっかりつかむのです。そのまま下を見ると、足の先が見えますね。相手の足先、これがへびの頭です。

さあ、へびの頭をふんづける競争をしましょう。

自分の足をふまれないように、うまく逃げながら、相手の足を先にふんだ方が勝ちです。足先でトンとふんでくださいよ。かかとでドシンとふんづけるとへびの頭が、痛くて、泣き出してしまいますからね。

途中で、ひっくり返ったり、手をはなしたら負けですよ。

足ぶみをしながら1、2、3、4、1、2、3、4と準備をして、2回目の4がすんだら、すぐ始めます。

「へびの頭をふんづけろ、へびの頭をふんづけろ」って、いいながらやってください。

準備するなら

ふうせんがあれば、両足の足首に糸で2つ3つつけておき、足先をふんづけるかわりにふうせんをわる競争をすればよい。

あまり年齢の低い子どもだと、足をふまれてケガをするから気をつけること。

2　やあ，ハイドン君　〔全〕

　ハイドンという作曲家がいましたね。これはハイドン同士のあいさつ。つまり背ドン，背中をドンとたたいてあいさつするゲームです。輪をかきますからその中に2人向かい合って立ってください。そして「やあ，ハイドン君，こんにちわ」といいながら両手で握手します。握手が終わったら，すばやく相手の後ろへ回って背中のまん中をどちらの手でもよろしいから，手のひらでドンとたたくのです。自分の背中をたたかれないようにして，先に相手の背中をたたいた方が勝ちです。ただし，輪の外へにげてはいけません。輪の外へ出たり，相手の服をつかんでたたいたりした人は失格です。

（コツ）

　「やあ，ハイドン君」という，きっかけをうまく作ること。司会者がポンと手をたたくか，くるくる回らせて，止めて顔を合わせたとたんにいうとかすると，たたくのが早すぎたり反則したりしない。背中のま後ろをたたくように導くこと。

3　宮本武蔵　〔小〕

　宮本武蔵は二刀流です。新聞紙をまるめて二刀流の勝負をいたしましょう。
　右手の刀で，相手の肩をたたくのですが，左手の刀は，相手の刀でたたかれるのを防ぐために使います。絶対に左手の刀で相手をたたいてはいけません。また，右手の刀で相手の刀を防いだら負けです。
　足は，さむらいのように，右足をやや前にして斜めにかまえましょう。そして，足のところに輪をかきますから，この円からとび出さないようにしてください。
　さあ，「われこそは，二刀流の達人，宮本武蔵なるぞ，いざ，参れ！」と呼んでから，はじめてください。

（準備するなら）

　運動帽のひさしのところに，ふうせんか，または，小さな紙袋をつけておいて，それを割るようにするとよい。新聞紙でも，分厚く重ねて，きつくしめると棒きれほどの固さにできるから，たたいて激痛にならない程度に作ること。

4 ふたごの赤ちゃん

〔全〕

向かい合って，立ってください。あなたたちは双生児です。双生児は，泣くのも同じ，笑うのも同じですから，2人ともそっくりの表情や動作をするのですよ。

私が合図をしたら，1人は右回り，ほかの1人は左回りによちよちと輪をえがいて歩き，もとのところへ帰ります。もと通り向かい合ったら，まず左側の人が，何でもいいからポーズを作ります。右の人は，その通り，そっくりまねをします。できたら，また，同じようにぐるぐると回りますが，こんど出会ったら，右の人がポーズを作り，左の人はそのまねをします。まねができなかったり，もたもたしたりすると負けです。

出会ったら必ず「バァー」といいながらポーズを作りましょう。それでは，みんなで，ふたごの赤ちゃんの歌をうたいながらやりますよ。

```
1  ふたごの赤ちゃん     2  ふたごの赤ちゃん
   ふたごの赤ちゃん        ふたごの赤ちゃん
   よちよちよちよち        ぐるぐるぐるぐる
   歩いて「ばっば」         回って「ばっば」
```

(応用)

鏡の間——相手のやる通り鏡のようにまねをする。鏡のようにだから，相手が右手を使うときは左手である。つづいて，反対に相手のやる通り絶対まねをしないゲームをする。声まで入れてやると，うっかりまちがってこっけい。

ふたごの赤ちゃん

1. ふ た ご の あ か ちゃん ふ た ご の あ か ちゃん
2. ふ た ご の あ か ちゃん ふ た ご の あ か ちゃん

よ ちょ ち よ ちょ ち あるいて ばっば
ぐ る ぐ る ぐ る まわって ばっば

9　2人だけのゲーム

5　おじぞうさん　〔全〕

　2人向かい合って立ちましょう。右の腕をわきにしっかりつけ，手のひらを上に向けてお皿にしましょう。おじぞうさんが向かい合いましたね。

　手のひらにマッチ箱をのせますよ。これはおじぞうさんの宝物です。この宝物をお互いに取り合いっこします。左手で取るのです。もちろん右手は取られないように，動かしてもよいのですが，腕をわきからはなしてはいけません。そして，足もそろえたまま，動いたら負けです。

　さあ，自分の宝を取られないように，早く相手の宝を取りましょう。

　（新聞紙があったら，まるめて持ち，相手の宝をはたきおとす競争をしても，おもしろいでしょう。）

コツ

　箱を持っている手の逃げ方をうまく説明してやること。足を動かさないで，わきをあけないで，そのほかは，上半身を自由に曲げたりねじったりして逃げてよい。取る方の手は，合図のあるまで体の横につけてはなさせない。

6 こいのぼり 〔中〕〔高〕

　こいのぼりになりましょう。床に腰をおろして，足を前にそろえてのばします。手を後ろについて体を支えてください。それがさおですよ。さて，足先をそろえたまま上にあげましょう。だんだん高くあげてください。後ろへひっくり返らないように。

　では，A君とB君と向かい合ってください。そして足をのばしたまま，自分の足のうらと相手の足のうらをぴったりつけましょう。

　「ヨーイ，はじめ」で，相手の足を押すようにしながら高く高くあげましょう。足が先におちたり，ひっくり返ったりしたら負けですよ。

　ほかの人は，歌をうたって応援してあげてください。「屋根より高いこいのぼり……」のメロディーでうたいましょう。それっ，

　　どちらが高い　こいのぼり
　　高くてつよいは　わたしなの
　　低くてよわいは　あなたなの
　　どちらも負けずにあげている

「うなぎのぼり」

　つぎは，うなぎのぼりです。すわって，背中と背中をくっつけましょう。腰の方まで，ぴったりと合わせるのですよ。

　さて，手を使わないで，後ろの人より早く立つのです。

　後ろの人に早く立たれないように，背中で押さえながら，うまく体を使って，立ってください。そら，うなぎのように，くねらせながら，ねばって，ねばって。

コツ

　足のうらとうらをぴったりくっつけさせること。室内なら素足，屋外ならうらゴムの靴がよい。靴下はすべってだめ。ある程度力の出てきた年齢でないと，腕をいためる。

こいのぼり

うなぎのぼり

7 きつねのはな，たぬきのはら

〔全〕

ひざをつき合わせるようにすわってください。2人で「きつねとたぬきの問答」をはじめます。1人がきつね，もう1人はたぬきになってください。きつねさんは，たぬきさんのおなかを指さしながら「たぬきのはらはたいこばら」と早口でいいます。たぬきさんは，すかさず，きつねさんのはなを指さして，「きつねのはなはとがりばな」とやり返します。相手がいってから間をおいて答えてはいけません。いわれたら，そのことばが終わるか終わらぬかのうちに，すばやく返すのです。とまどったり，だまってしまったり，指さすところをまちがえたり，また，ことばをまちがえたりした方が負けです。

「きつねのはなはたいこばら」なんていわないように。

応用

「貴殿の頭は……」の現代版である。「貴殿の頭は……」というゲームは，向かい合ってひざがつき合うほど近くに正座し，武士のように腰の物をしっかりと左手でつかんで，1人は相手の頭を指さして「貴殿の頭ははげ頭」，もう一方は自分の刀を右手でつかむ形で「拙者の刀はさび刀」という。

8　出前持ちのPR

〔全〕

　西洋料理店と中華料理店の出前持ちが、道でばったり出会いました。2人とも、意地を張って自分の店のPRをかけ合います。

　2人とも、出前持ちのように、右の手のひらを上に、指の先を後ろに向けて肩のところへ持っていきます。そして、左手で、右の手の上を指さしながら、たとえば、「コロッケはいかが」「チャーハンはいかが」というように、自分の食堂の品物を交互にPRするのです。相手の顔から視線をそらしてはいけません。また、手がだるくなっておろしたりすると負けです。同じ料理を2度いったり、いうことがなくなったり、また、売っていない物をいったりしたら負けです。

　さあ、はじめましょう。けっして笑わないように。

> コツ
>
> 　出前のかっこうをしながら大きな声でどなるからおもしろいので、手をおろしたり、忘れて斜めにしたりしたら、皿をおとすことになって失格にすればよい。幼児なら、買い物ごっこの八百屋やお菓子屋のPRにすればよい。

9　馬のひづめ

〔全〕

　小さな輪の中に，背中合わせに立ちます。2人とも右足だけで立って，左足は後ろへ曲げてください。

　お互いに相手の左足が自分の横へきますね。その左足をしっかりとこわきにかかえるようにつかみます。

　「ヨーイ，ドン」

　で，その左足のくつを脱がせるのです。（屋内のときはソックスを脱がせればよい。）

　左足は，相手がくつを取りにくいように，左右に動かしてよろしい。ただし，斜め上の方へけると，顔にあたりますから，左右だけに決めます。

　右足1本で立っているのですから，ふらふらしますが，

① 輪の外へ出たり

② 手をついてしまったり

したら負けです。

　早く相手のくつを脱がせて，足のうらを，ポン，ポンと，馬のひづめを修理するように，たたいた方が勝ちです。

　脱がせる競争がすんだら，つぎにくつを下に置いてそれをひろってはかせる競争をしてみましょう。

コツ

　「ヨーイ」で，お互いの足をしっかりつかませておくこと。脱がせるだけでなくて，いったん脱がせた物を下に置き，こんどは，それをひろって，はかせるまでのゲームにすると変化がある。

10 「よし」「だめ」

〔小〕

　どんな物がとべるか，どんな物がおよげるか，知っていますか？

　ではA君とB君で，どちらがよく知っているか，くらべっこをしましょう。

　ジャンケンで，どちらが先に問題を出すか決めてください。

　A君が勝ちましたね。A君は「とべる物を知ってるかい」といいます。

　B君は「ああ，何でも知ってるよ」っていいます。

　そしたらA君は何でもよいから，物の名前をつづけていってください。

「すずめ、ぶた、わし、飛行機、電車、ロケット……」

というように。

　B君は，とべる物だったら，

「よし」

とべない物なら，

「だめ」

と，はっきりいってください。30秒たったら合図をしますからやめて，つぎにB君が，

「およげる物を知ってるかい？」

って聞きます。

　どちらも，とべない物や，およがない物に「よし」といったり，とべる物やおよげる物に「だめ」といったりしたら罰点です。罰点の多い方が負けですよ。

〔コツ〕

　テンポを速くすること。同時にテンポは速くても，あわてた口調で聞き取りにくいことのないようにあらかじめいっておき，審判は，何をいったかわからぬと思ったときは失格にする。

10 ジャンケンのいろいろ

1 ままにならないジャンケンポン

〔大〕

　自分の思った通りには出せないジャンケンです。
　4人でやりますが、まず2人ずつに分かれてください。分かれたら、1番2番を決めて、1番の人は相手の組の1番と、2番は相手の2番とジャンケンをするのですが、1番の人たちはふつうにジャンケンをします。2番の人たちは、自分の隣りの1番が出した手を見て、その手とちがう手をすばやく出さねばなりません。「ジャンケンポン・ハイ」の「ポン」で1番同士が、「ハイ」で2番同士が出すことになります。2番が勝ったらその組の勝ちとなりますが、2番がぐずぐずしていたり、まちがって1番と同じものを出したりしたら負けです。
　6人いたら、もっとおもしろくなります。
　3人ずつに分かれてまん中にはさまれた人が、左右のジャンケンを見て、隣りの2人の出した手とちがう手を出さなくてはいけないのでたいへんいそがしくなるからです。
　やっている本人より、見ている方がふき出すジャンケンですね。

コツ

　隣りのを見てゆっくり出すのでは、おもしろくない。自分もジャンケンの用意をして「ジャンケンポン・ハイ」と、隣りのジャンケンと連続的に手を出すようにする。

2　後ろ向きジャンケン

〔全〕

　3人のうち1人は審判員です。2人で向かい合って「ジャンケンポン」の「ポン」で，とんでくるりと後ろ向きになり，背中の方へ手を出します。自分では勝ち負けはわかりませんから，審判員は勝った方の手を取って「○○くんの勝ち」と，高くあげてやります。負けたら審判員と入れ替わって自分が審判員になります。さあ，元気よくとんで後ろへグッと手につき出してください。そっと振り返って勝ち負けをのぞいたりしてはいけませんよ。

コツ

　審判員は，勝った方の手をあげるとき，そのままあげないで，前の方からあげてやらないと逆手になる。
　あいこのときは，「あいこで」と，調子よくいって正面を向かせることを忘れぬよう。

3　隣りのジャンケン

〔全〕

　4人で輪を作ってください。これからジャンケンをしますが，相手は自分の正面の人です。ジャンケンポンで勝ち負けが決まったら，自分の勝ち負けでなく，隣りの勝ち負けを見てください。そして，負けた人の手をすばやくたたきましょう。ジャンケンで負けた人はたたかれないようにすばやく手を引っこめてくださいよ。
　① 自分がたたかれないで，隣りの負けた人の手をうまくたたいた人が勝ちです。
　② 隣りの人をたたくことができても，自分がジャンケンに負けてたたかれたら負け。
　③ まちがって，勝った人や自分のジャンケンの相手をたたいたりしたら負けですよ。
　さて，目をよく開いて注意しながら，ジャンケンをはじめましょう。

コツ

　勝負を見てから，たたいたり，引っこめたりすると遅すぎて，いつも負けてしまうから，右手でジャンケンするとき，左手も用意しておくのがコツ。まちがえてたたいた人の罰則はあらかじめ決めておくこと。

4　ダブル・ジャンケン

〔全〕

　ジャンケンは片手だけでやるものと決まっていません。両方1度にやってもよいのです。さあ，両手をそろえてジャンケンをしましょう。ジャンケンポンで同時に両手を出します。1つだけ勝ってもだめ，両方とも勝たないと勝ちになりません。

　勝ち負けだけではおもしろくありませんから，つぎのルールにしたがって相手の手をすばやくたたくことにしましょう。

　①　右手も左手も相手に勝ったことがわかったら，すぐに相手の手を両手でピシャリ。
　②　1つが勝って1つが負けていたら，勝った方の手で相手の負けた手をピシャリ。

　もちろん，負けたと気がついたらすぐその手を引っこめてたたかれないようにしてよいのです。もしまちがって，負けているのにたたいたりしたら，罰としてシッペをされることにしましょう。

（応用）

　足のジャンケン——開いてパー，閉じてグー，前後にしてチョキ——を，これに加えてトリプル・ジャンケンにすると，複雑になっておもしろくなる。

5　くらやみジャンケン

〔全〕

　向かい合って、目をつむってください。目をつむったまま、「ジャンケンポン」といって相手の方へ手を出します。相手が何を出したかわかりませんね。そこで、出した手で、お互いに相手の手をさがします。手と手がふれ合ったら、勝ち負けがわかるでしょう。そこで、「勝った」ことがわかったら、反対の手ですぐ相手の負けた手をつかみます。負けたことがわかったら、すぐ引っこめて、つかまらないようにします。

　右手でジャンケンするなら、左手も同時に用意をしていて、すぐつかまえられるようにしないと勝ったときすばやくつかまえられませんよ。

　ジャンケンをした方の手をつかんだり、目を開けて見たりしたら反則です。もし手ぬぐいがあったら目かくしをしてください。

コツ

　目をつむったまま、手さぐりで相手の手とくっつけにいく姿がゆかいなのである。

　勝った方がつかみにくいときは必ず反対の手を使うこと。

6　親子ジャンケン

〔全〕

　おとうさん（おかあさん）と，子どもたちのジャンケンあそびをしましょう。子どもは，おとうさんの背におんぶされましょう。

　笛が鳴ったら，おとうさんは，子どもをおんぶしたまま，お互いに相手を見つけて，ジャンケンしてください。おとうさんだけではありません。背中の子ども同士もジャンケンするんです。おとうさんも子どもも勝ったら勝ち，どちらか1人が負けたら引き分けで，ほかの組とまたジャンケンをします。2人とも負けた組は，子どもをおろしてもとの場所へ帰ってください。

　おとうさんは終わりの笛が鳴るまで，子どもをおろしてはいけません。手がだるくなって子どもをおろすと失格です。さあ，おとうさんがんばってください。

コツ

　運動会や，P.T.A.の会の親子ゲームに使うとよい。親は子どものジャンケンを見ていられないから，子どもに，勝ったら「勝った」と大きな声ですぐいうように，伝えておくこと。中・高校生なら，生徒同士が親子になってもよい。

7　首振りジャンケン

〔全〕

　手を使わないジャンケンです。手でやるグー，チョキ，パーのかわりに，

　　頭の頂上　→　グー
　　耳　　　　→　チョキ
　　口　　　　→　パー　を使います。

　「ジャンケン」でグーを出したければ頭を下げて，ぐっと相手の方へ突き出し，チョキならば，さっと横を向いて耳を向け，パーならば口を正面へひょいと突き出して，「ポン」とやります。まよったり，遅れたりしたら反則です。さあ，手を後ろに回して首を振り振り，ジャンケンポンとやりましょう。

コツ

　両手を後ろに回して握り，首を突き出すようにするとおもしろい。どこを相手に向けたかわからぬようなあいまいな動きにならぬよう。グー，チョキ，パーの基本動作をゲームの前に練習するとよい。

8　ジャンケンまわし

〔全〕

　4人以上集まったらいつでもできます。4人が輪になって，そのうちの2人が隣り同士でジャンケンします。そのとき，ほかの2人は，ジャンケンをしているのを見ています。ジャンケンに負けた人は，反対側の人とジャンケンします。もし，また隣りに負けたら，もとの相手とジャンケンします。

　こうやって，負けた方へ，負けた方へと，ジャンケンを回していきます。右の人とやっても，左の人とやっても負けつづけて，自分1人がひっきりなしにジャンケンをやらねばならなくなったら負けです。4回つづいたら負けとか，6回つづいたら負け，というように最初に決めておくとよいでしょう。

応用

　大勢のときは，輪になってだれか鬼を決め，ちょうどその向かい側の人も鬼にする。鬼はハンカチを持っていて，ジャンケンに勝ったらハンカチといっしょに，鬼を負けた人に移す。こうしてハンカチを2つともつかんだ人が負けになる。

9　西部劇ジャンケン

〔幼〕
〔小〕

　西部の決闘を，ピストルで殺し合いなどしないで，ジャンケンでやったらどうでしょう。「1，2，3，4，ジャンケン・ドン」でジャンケンするのですが，まず，背中合わせに立ってください。そしてピストルを持つ手をぐっと握りしめましょう。「はじめ」で，「1，2，3，4，ジャン，ケン」と6歩前へ歩いて「ドン」で，振り返りながらすばやく手を突き出します。勝ったら肩をぐっとあげて胸をはり，勝った手を高々あげ勝利者の誇りを示します。負けたら，うまく倒れてください。ジャンケンの勝敗よりも，どちらがすばしっこかったか，どちらがうまく西部劇らしくやったかで勝ち負けを決めたらよいと思います。

コツ

　活動的な子どもにやらせるとよろこぶ。勝ち負けよりも，そのすばやさと，勝負の決まったつぎの動作が見ものであるから，見ている子どもたちにじょうずな役者はだれか？と聞いて判定をくだすとよい。

10　1本指ジャンケン

〔小〕

　5本の指に，おうちの人の名前をつけましょう。
　親指は，おとうさん。
　人差し指は，おかあさん。
　中指は，おにいさん。
　くすり指は，おねえさん。
　小指は，一番ちびのぼくです。
　「ジャンケン」で，右手のどの指を出すかを決めて，それを左手でかくしていてください。「ポン」で，サッと決めた指を出します。
　おとうさんは，おかあさんとおにいさんに勝ちます。
　おかあさんは，おにいさんとおねえさんに勝ち。
　おにいさんは，おねえさんと，ぼくに勝ち。
　おねえさんは，ぼくとおとうさんに勝ち。
　一番ちびのぼくは，おとうさんとおかあさんに勝つのです。

コツ

　年齢の低いものには，少し難解かもしれないが，前の2本に負け，後ろの2本に勝つと覚えておくと，早く判定ができる。グー・チョキ・パーだけがジャンケンでない例である。

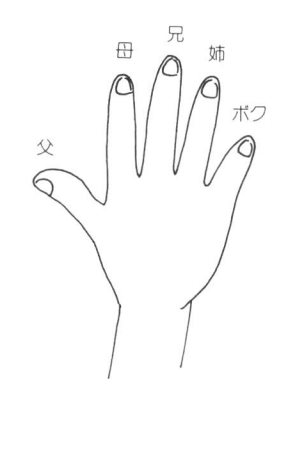

11 うっかりジャンケン

〔全〕

しかける人　受ける人

ジャンケンをしかける方と，受ける方に分かれます。

受ける方の人は，はじめから，グーでもチョキでもパーでも，自分の好きな手を相手の前に突き出しておきます。

しかける方が，
「ジャンケンポン」
「ジャンケンポン」
と，2回出すまでは，そのままじっとしてよいのです。その2回は勝負に入りません。3回目からが勝負で，3回目からは，そのままでも，変えてもよいのです。

しかける方は1回目，2回目と調子にのってつづけて手を出しますが，3回目からは注意して出さないと，自分からしかけておいて負けてしまうことになります。

コツ

じっと手を出している方は，表情をこわばらせたり，カッカしないで，平然とよそおっている方がおもしろい。攻める方が自滅するようにもっていくのである。

12 うずまきジャンケン

〔小〕

うずまきのようにぐるぐると円をかいてください。
A君はそのうずまきの中心に，
B君はうずまきの出口のところに立ち，
A君の組のほかの人はA君の後ろに，
B君の組のほかの人はB君の後ろに並んでください。
「ヨーイ，ドン」で，A君は出口の方へ，B君は中心に向かって，うずの中をぐるぐると走ります。A君とB君が途中でぶつかったら，そこでジャンケンをするのです。

A君が勝ったら，そのまま，つづけて走ってください。負けたB君は外へ出て，B君のつぎの人が，すぐスタートから走ってきてA君とぶつかってジャンケンをします。このようにA君の組は出口の方へ走って外へ出てしまったら勝ち，B君の組は中心の方へ走って中心に入りこんだら勝ちです。

(コツ)

2人だけでやるときは負けた方がもとへ帰っていると，差がひどくなるので，内から走ってきたものが負けたらひとすじ内側へ入り，外から走ってきたものが負けたら，ひとすじ外側のコースへ出ると次第に追いつめられるようすになる。

13　アップダウン・ジャンケン

〔小〕

　2人ずつ組を組んでください。そしてみんなスタートラインに1列に横に並びます。
　「ヨーイ、はじめ」
で、隣りの組とジャンケンしてください。
　2人とも勝ったら、1歩ゴールの方へ進みます。
　1人勝って1人負けたらそのままの位置。
　2人とも負けたら1歩さがります。
　これで3列になったわけですね。つぎに、自分の組と同じ線の上にいる組同士ジャンケンをします。そしてまた、前進後退、そのままの組ができます。このようにして進んだり、しりぞいたりしながらゴールに一番先に入った組が優勝です。ジャンケンのたびに間かくが遠くなりますから、そのときは中央に寄ってください。

コツ

　引き分けの場合、また同じ組とジャンケンをすることになるから、一番はしの組は、引き分けになったら、すぐ走って中央あたりの1歩前進した組のあとへ入るようにすると、同じ組とのジャンケンをさけることができる。

14　世界のはてまでジャンケンポン

〔全〕

　千人でも二千人でも，世界中の人があつまってもできるジャンケンポンです。

　「ヨーイ，ドン」で，すぐ隣りの人とジャンケンをしてください。負けた人は勝った人の後ろにつながってついていきます。勝ったら手をあげて相手を見つけてください。そして勝ったもの同士またジャンケン，負けたら勝った人の後ろにつながる。こうしてジャンケンするたびに列が長くつらなります。勝った人は長い列の先頭に立ってかけ足をしながら，勝ち残った人をさがします。こうして手をあげているのが自分1人になったら優勝です。さあ，長い長い列ができましたね。輪になってぐるぐる回りましょう。「線路はつづくよどこまでも」か「汽車の歌」をうたってリズミカルに回るとたのしいでしょう。

(コツ)

　集会のおしまいとか，1列の輪を作りたいときに使うとよい。音楽は，ほぼ勝負が終わりに近づいて，列が長くなり，勝ち残りの少なくなったころに出せばよい。勝者は必ず手を高くあげて相手をさがすことを忘れぬよう。

15 準備のいるジャンケン

〔小〕

　ジャンケンって用意がいらないって思ってるでしょう。ところが、こんな大きな札を用意してあるのです。これはサンドイッチマンのように首からかけて体の前後にぶらさげるようになっています。前の札と後ろの札には、それぞれ、ちがった「手」がかいてあります。前に「グー」があったら、後ろは「パー」というようにね。

　これを首からかけて、ジャンケンあそびをしましょう。

　「ヨーイ、ドン」で、自分の前の絵より弱い絵をぶらさげている人を見つけてつかまえたら勝ちです。でも、つかまりそうになった人はくるりと反対を向いて、相手の前の絵に勝つ方の絵を見せればよいのです。反対につかまえて逆転勝ちになります。あいこの場合は両方から手を出して握手します。前を見せたり背中を見せたり、うまく使って勝ちましょう。

ねらい

　準備のいらないと思っているものに準備をしてみたらというゲーム。

　自分の手だけでなく、絵でジャンケンをし、しかも走り回って体全体を大きく動かすところがねらい。——PRジャンケン——と名づけよう。勝負は相手をつかんだときに決まります。だから逆転負けになると思ったらつかまらないうちにすばやく背を見せて逃げればよろしい。また「アイコ」のときは別れて別の人を追いかけます。

11 すもうのいろいろ

1 後ろ押し出し 〔全〕

　輪をかいて，そのまん中で背と背を合わせて立ちます。腕は使いませんから，自分の前で組んでください。
　「いくぞ，それッ」と元気のよい合図で背中で相手の背中を押しまくって，輪の外へ出したら勝ちです。横向きになったり，ひっくり返ったり，また，手を使ったりしたら負けです。ただし，腰がぶつかるのはかまいません。

2 片足ずもう 〔大〕

　左足をまっすぐのばして相手の方に出してください。
　両手で，相手の出した左足の足首からひざまでの間をしっかりつかみます。
　「ハッケヨイ」
　で，片足でトントンと，とび歩きながら，相手の足を押して押し出すのです。
　足をおろしたり，手をおろしたり，手をはなしたり，自分からひっくり返ったりしたら負けです。

3　背負いつり出し

〔大〕

　背中と背中をくっつけて立ちます。
　腕を後ろへ回して,お互いに腕と腕とをしっかり組み合わせてください。
　「ハッケヨイ」
　で,相手をおんぶします。うまく背負えた方は,後ろ向きに歩いていって相手を輪の外へ出します。
　あわてて,自分が先に輪の外へ出たら負けです。
　腕だけでなく,腰や足をうまく使って,相手をうまくさかさまにつってください。

4　片手ずもう

〔全〕

　向かい合って,右手と右手を,しっかり握ってください。
　足を斜めに開いてかまえ,右手だけで相手の姿勢をくずすのです。
　左手は,自分の頭のま上に,ピッタリとくっつけます。この手はゲームがすむまではなしてはいけません。
　①　引っぱっている手がはなれたら引き分け。
　②　引っぱられてひっくり返ったり,手を押されてすべったり,足がよろよろとして位置がかわったりしたら負け。
　③　左手を頭からはなしたら負け。
　④　相手の手以外のところにふれたり,手以外を使ったら反則で負けです。

11　すもうのいろいろ

5　ダルマずもう
〔全〕

　輪をかいて,まん中に2人,後ろで腕を組んで,向かい合います。
　この腕は,おしまいまでほどいてはいけません。
　「ハッケヨイ」
　で,腕を使わないで,体のほかの部分で相手を押し出します。
　もちろん,歩いてもよいのですが足を使って,ひっくり返してはいけません。腕を体からはなして,両腕で突き上げたりしてはいけないのです。
　頭か,腹か,腰か,腕の横側で,押してください。
　足も手も使わない。ダルマのすもうです。

6　親子指ずもう
〔全〕

　指ずもうというと親指で相手の親指をつかまえるのでしたね。これから,親指も小指もつかまえる,『指ずもう』をしましょう。
　①のように両手を握って,こぶしの前をお互いに合わせます。そのとき,親指と小指は横にピンと張っていてください。
　ワンツースリーで,相手の親指も小指も両方とも,押さえこむのです。右手も左手も同時にやります。こぶしをはなしたら負けですよ。
　腕をクロスして,②の図のように右手同士,左手同士を握り合って親子指ずもうをすることもできます。

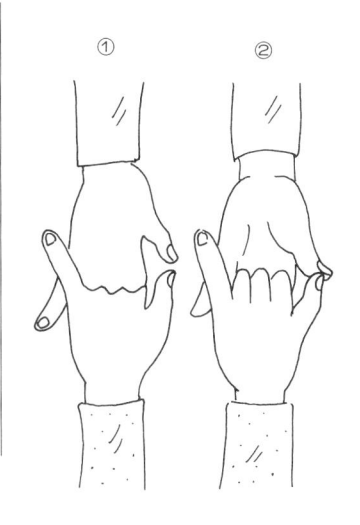

ゲーム・リーダーのコツ

① たのしいゲームを選ぶこと

　ゲームは,
　　○場所
　　○目的
　　○年齢

　などをよく考えて，その条件にぴったり合ったものを選ばないと効果があがりません。

　やっている人はもちろん，見ている人の気持ちも計算に入れて，みんなでたのしめるゲームを選んでください。

② タイミングをうまくつかむこと

　ゲームには「きっかけ」が大切です。

　集っている人の雰囲気をよく見て，はじめるチャンスをつかむこと。

　また，つぎのゲームにうつるときなど，間があきすぎて，参加している人がポカンと待っていたりしないように配慮すること。

　それに，終わる「きっかけ」をうまくつかむことです。同じゲームをダラダラといつまでもやってみたり，反対に，これから笑いが出ようとする前にやめたりすると，参加している人たちはスッキリしません。みんなの反応をすばやくつかむことがリーダーのもっとも心得るべきことです。

③ はじめはゆっくり単純に，なれてきたらテンポを速く複雑にすること

　誰でも，かんたんにとっつけないと，みんなたのしくということにはなりませんから，はじめは，すぐにやってみることのできるゲームをして，なれてくるにしたがって，ルールをつけ加えたり，動きを複雑にしたり，またテンポを速くして，だんだん制約を強くしていくことです。

　それにはそのゲームの基本の形と応用の方法をよく知っておくことです。

④　表情を豊かにすること
　リーダーの豊かな表現力はゲームをいっそうたのしくさせます。いつも，自分自身が興味を持っているようすを見せてください。うまくやろうと思って緊張した面持ちでいると，みんなはついていけません。また一点を見つめないで，全体に顔を向けながら，指導することです。

⑤　ことばをうまく使うこと
　適当なジョークなどをはさんで，参加している人の気持ちをほぐしながらリードすることです。
　ただ，説明的なことばが多すぎてはいけません。じっとしたまま長い説明を聞かされていると，解放されないばかりか，重苦しくなって，逆効果になります。
　体を動かして，やってみながら，要点を，そのときどきに，みじかく指導することです。そのルールのポイントなどがはじめての人によくわかることばを考えておくことも大切です。

著 者 紹 介

まき・ごろう
大阪府立北野高校（旧制北野中学），大阪外国語大学を経て教育の道に入り，幼児から大学生までの各層を指導。日本表現教育協会理事長・京都女子大学講師・作家・教育評論家・児童文化の指導者として，教師・母親の指導に活躍。2000年，逝去。

＜おもな著書＞
『すぐできるゲーム100』
『おれたちゃ高校の野球バカ』
『親思いの子に育てるには』
『おヒナさん』（以上，黎明書房）

本文イラスト　中村美保
カバー・扉イラスト　渡井しおり

みんなで笑える(わら)ゲーム101

2010年7月25日　　初版発行		
	著　者	まき・ごろう
	発行者	武　馬　久　仁　裕
	印　刷	株式会社　太洋社
	製　本	株式会社　太洋社

発　行　所　　　　　株式会社　黎明書房(れいめいしょぼう)

〒460-0002　名古屋市中区丸の内3-6-27　EBSビル
☎052-962-3045　FAX 052-951-9065　振替・00880-1-59001
〒101-0051　東京連絡所・千代田区神田神保町1-32-2
南部ビル302号　☎03-3268-3470

落丁本・乱丁本はお取替します。　　ISBN978-4-654-05951-5
© K. Shimizu 2010, Printed in Japan